六爻通考

轉盤論卦

鄺偉雄

圓方立極

「天圓地方」是傳統中國的宇宙觀，象徵天地萬物，及其背後任運自然、生生不息、無窮無盡之大道。早在魏晉南北朝時代，何晏、王弼等名士更開創了清談玄學之先河，主旨在於透過思辨及辯論以探求天地萬物之道，當時是以《老子》、《莊子》、《易經》這三部著作為主，號稱「三玄」。東晉以後因為佛學的流行，佛法便也融匯在玄學中。故知，古代玄學實在是探索人生智慧及天地萬物之道的大學問。

可惜，近代之所謂玄學，卻被誤認為只局限於「山醫卜命相」五術及民間對鬼神的迷信，故坊間便泛濫各式各樣導人迷信之玄學書籍，而原來玄學作為探索人生智慧及天地萬物之道的本質便完全被遺忘了。

有見及此，我們成立了「圓方出版社」（簡稱「圓方」）。《孟子》曰：「不以規矩、不成方圓」。所以，「圓方」的宗旨，是以「破除迷信、重人生智慧」為規，藉以撥亂反正，回復玄學作為智慧之學的光芒；以「重理性、重科學精神」為矩，希望能帶領玄學進入一個新紀元。「破除迷信、重人生智慧」即「圓而神」，「重理性、重科學精神」即「方以智」，既圓且方，故名「圓方」。

出版方面，「圓方」擬定四個系列如下：

1. 「智慧經典系列」：讓經典因智慧而傳世；讓智慧因經典而普傳。
2. 「生活智慧系列」：藉生活智慧，破除迷信；藉破除迷信，活出生活智慧。
3. 「五術研究系列」：用理性及科學精神研究玄學；以研究玄學體驗理性、科學精神。
4. 「流年運程系列」：「不離日夜尋常用，方為無上妙法門。」不帶迷信的流年運程書，能導人向善、積極樂觀、得失隨順，即是以智慧趨吉避凶之大道理。

此外，「圓方」成立了「正玄會」，藉以集結一群熱愛「破除迷信、重人生智慧」及「重理性、重科學精神」這種新玄學的有識之士，並效法古人「清談玄學」之風，藉以把玄學帶進理性及科學化的研究態度，更可廣納新的玄學研究家，集思廣益，使玄學有另一突破。

鄺偉雄師傅簡介

鄺偉雄先生，廣東省開平市人士，香港著名風水命理學家，從上世紀八十年代開始執業，經常接受本地各大傳媒如無線電視台、鳳凰衛視、華娛衛視、香港電台等訪問，介紹正確的玄學知識，以科學及理性的角度去理解中國的傳統國粹。

鄺師傅研究玄學，乃從理性及實際的角度出發，去除迷信成分，以學術性、應驗性、哲學性為重點，將中國的傳統術數，配合現代社會的發展情況，作出新的演繹，不故步自封，亦不譁眾取寵，是以深受國內外人士讚譽。

鄺師傅從上世紀九十年代中開始走遍中國大江南北，將沉寂了一段長時間的術數重新推廣，將正統的中國術數，往正確的方向伸延。

六爻卦前言

六爻卦，又稱文王卦，亦稱金錢卦。這種占卦方法，過去一直由失明的命學家掌握精粹；但因近代失明人士較少從事占卜算命業，以致六爻卦之術出現無以為繼的情況。

易卜學問年代久遠，自兩千多年前漢朝始，歷代高人輩出，著作甚多，但因行文艱深，又都是歌賦詩詞，重要秘訣隱而不宣，致使有心習此道者，大都望門興嘆。所以，筆者希望透過本書，以簡易的文字，將深奧的學問呈現讀者眼前，讓讀者只利用三個銅錢，便可以了解及預知自己的人生，以及洞知易卦的種種奧妙。

文王卦是術數之一種，也有它的極限，過去不少術者都錯誤地過度使用。

例如：在現代社會，很多事情都可以用科學得到答案，比如女士懷孕後，希望預知生男或生女，用醫學化驗基本上可以百分之百肯定，那為什麼還要占卜呢？

又例如：你希望用文王卦占算每天恒生指數的升跌，或者是六合彩的中獎號碼，或者是每場賽馬的三甲名次，都可能會相當失望，因為這些乃取決於個人的橫財運。

然而，以易卦占卜人事休咎，不論婚姻、財運、事業、健康、進退等事情，其應如響；兼且，配合卦爻的動變陰陽，更可以得出一些獨特觀點。

文王卦所用的元素與子平命理一樣，以天干地支為主、刑沖會合為重；若兩者能夠互相輔助使用，更加相得益彰。故此，易卜之術能夠歷久不衰，實因它有其魅力所在。

目錄

易卜一：起卦

易卜四：用神篇

易卜五：持世篇

易卜六：六獸篇

易卜十：卦例篇

六十四卦總圖

乾宮八卦全圖

① 乾為天
六沖

	世應	爻	
父母	世	▅▅▅▅▅	戌土
兄弟		▅▅▅▅▅	申金
官鬼		▅▅▅▅▅	午火
父母	應	▅▅▅▅▅	辰土
妻財		▅▅▅▅▅	寅木
子孫		▅▅▅▅▅	子水

② 天風姤

	世應	爻	
父母		▅▅▅▅▅	戌土
兄弟		▅▅▅▅▅	申金
官鬼	應	▅▅▅▅▅	午火
兄弟		▅▅▅▅▅	酉金
子孫		▅▅▅▅▅	亥水
父母	世	▅▅ ▅▅	丑土

③ 天山遯

	世應	爻	
父母		▅▅▅▅▅	戌土
兄弟	應	▅▅▅▅▅	申金
官鬼		▅▅▅▅▅	午火
兄弟		▅▅▅▅▅	申金
官鬼	世	▅▅ ▅▅	午火
父母		▅▅ ▅▅	辰土

④ 天地否
六合

	世應	爻	
父母	應	▅▅▅▅▅	戌土
兄弟		▅▅▅▅▅	申金
官鬼		▅▅▅▅▅	午火
妻財	世	▅▅ ▅▅	卯木
官鬼		▅▅ ▅▅	巳火
父母		▅▅ ▅▅	未土

乾宮八卦全圖

⑤ 風地觀 伏吟

妻財	———		卯木
官鬼	———		巳火
父母	— —	世	未土
妻財	— —		卯木
官鬼	— —		巳火
父母	— —	應	未土

⑥ 山地剝

妻財	———		寅木
子孫	— —	世	子水
父母	— —		戌土
妻財	— —		卯木
官鬼	— —	應	巳火
父母	— —		未土

⑦ 火地晉 遊魂

官鬼	———		巳火
父母	— —		未土
兄弟	———	世	酉金
妻財	— —		卯木
官鬼	— —		巳火
父母	— —	應	未土

⑧ 火天大有 歸魂

官鬼	———	應	巳火
父母	— —		未土
兄弟	———		酉金
父母	———	世	辰土
妻財	———		寅木
子孫	———		子水

坎宮八卦全圖

① 坎為水　六沖

兄弟	⚋	世	子水
官鬼	⚊		戌土
父母	⚋		申金
妻財	⚋	應	午火
官鬼	⚊		辰土
子孫	⚋		寅木

② 水澤節　六合

兄弟	⚋		子水
官鬼	⚊		戌土
父母	⚋	應	申金
官鬼	⚋		丑土
子孫	⚊		卯木
妻財	⚊	世	巳火

③ 水雷屯

兄弟	⚋		子水
官鬼	⚊	應	戌土
父母	⚋		申金
官鬼	⚋		辰土
子孫	⚋	世	寅木
兄弟	⚊		子水

④ 水火既濟

兄弟	⚋	應	子水
官鬼	⚊		戌土
父母	⚋		申金
兄弟	⚊	世	亥水
官鬼	⚋		丑土
子孫	⚊		卯木

坎宮八卦全圖

⑤ 澤火革

官鬼	— —	未土
父母	———	酉金
兄弟	———（世）	亥水
兄弟	———	亥水
官鬼	— —	丑土
子孫	———（應）	卯木

⑥ 雷火豐

官鬼	— —	戌土
父母	— —（世）	申金
妻財	———	午火
兄弟	———	亥水
官鬼	— —（應）	丑土
子孫	———	卯木

⑦ 地火明夷 遊魂

父母	— —	酉金
兄弟	— —	亥水
官鬼	— —（世）	丑土
兄弟	———	亥水
官鬼	— —	丑土
子孫	———（應）	卯木

⑧ 地水師 歸魂

父母	— —（應）	酉金
兄弟	— —	亥水
官鬼	— —	丑土
妻財	— —（世）	午火
官鬼	———	辰土
子孫	— —	寅木

艮宮八卦全圖

① 艮為山　六沖

官鬼	———	世	寅木
妻財	— —		子水
兄弟	— —		戌土
子孫	———	應	申金
父母	— —		午火
兄弟	— —		辰土

② 山火賁　六合

官鬼	———		寅木
妻財	— —		子水
兄弟	— —	應	戌土
妻財	———		亥水
兄弟	— —		丑土
官鬼	———	世	卯木

③ 山天大畜

官鬼	———		寅木
妻財	— —	應	子水
兄弟	— —		戌土
兄弟	———		辰土
官鬼	———	世	寅木
妻財	———		子水

④ 山澤損

官鬼	———	應	寅木
妻財	— —		子水
兄弟	— —		戌土
兄弟	— —	世	丑土
官鬼	———		卯木
父母	———		巳火

艮宮八卦全圖

⑤ 火澤睽

父母	———		巳火
兄弟	— —		未土
子孫	———	世	酉金
兄弟	— —		丑土
官鬼	———		卯木
父母	———	應	巳火

⑥ 天澤履

兄弟	———		戌土
子孫	———	世	申金
父母	———		午火
兄弟	— —		丑土
官鬼	———	應	卯木
父母	———		巳火

⑦ 風澤中孚

遊魂

官鬼	———		卯木
父母	———		巳火
兄弟	— —	世	未土
兄弟	— —		丑土
官鬼	———		卯木
父母	———	應	巳火

⑧ 風山漸

歸魂

官鬼	———	應	卯木
父母	———		巳火
兄弟	— —		未土
子孫	———	世	申金
父母	— —		午火
兄弟	— —		辰土

震宮八卦全圖

① 震為雷
六沖

妻財	━━ ━━	世	戌土
官鬼	━━ ━━		申金
子孫	━━━━━		午火
妻財	━━ ━━	應	辰土
兄弟	━━ ━━		寅木
父母	━━━━━		子水

② 雷地豫
六合

妻財	━━ ━━		戌土
官鬼	━━ ━━		申金
子孫	━━━━━	應	午火
兄弟	━━ ━━		卯木
子孫	━━ ━━		巳火
妻財	━━ ━━	世	未土

③ 雷水解

妻財	━━ ━━		戌土
官鬼	━━ ━━	應	申金
子孫	━━━━━		午火
子孫	━━ ━━		午火
妻財	━━━━━	世	辰土
兄弟	━━ ━━		寅木

④ 雷風恆

妻財	━━ ━━	應	戌土
官鬼	━━ ━━		申金
子孫	━━━━━		午火
官鬼	━━━━━	世	酉金
父母	━━━━━		亥水
妻財	━━ ━━		丑土

震宮八卦全圖

⑤ 地風升　伏吟

官鬼	— —	酉金
父母	— —	亥水
妻財	— 世 —	丑土
官鬼	———	酉金
父母	———	亥水
妻財	— 應 —	丑土

⑥ 水風井

父母	— —	子水
妻財	——— 世	戌土
官鬼	— —	申金
官鬼	———	酉金
父母	——— 應	亥水
妻財	— —	丑土

⑦ 澤風大過　遊魂

妻財	— —	未土
官鬼	———	酉金
父母	——— 世	亥水
官鬼	———	酉金
父母	———	亥水
妻財	— 應 —	丑土

⑧ 澤雷隨　歸魂

妻財	— 應 —	未土
官鬼	———	酉金
父母	———	亥水
妻財	— 世 —	辰土
兄弟	— —	寅木
父母	———	子水

巽宮八卦全圖

① 巽為風 六沖

兄弟	⚊	世	卯木
子孫	⚊		巳火
妻財	⚋		未土
官鬼	⚊	應	酉金
父母	⚊		亥水
妻財	⚋		丑土

② 風天小畜

兄弟	⚊		卯木
子孫	⚊		巳火
妻財	⚋	應	未土
妻財	⚊		辰土
兄弟	⚊		寅木
父母	⚊	世	子水

③ 風火家人

兄弟	⚊		卯木
子孫	⚊	應	巳火
妻財	⚋		未土
父母	⚊		亥水
妻財	⚋	世	丑土
兄弟	⚊		卯木

④ 風雷益

兄弟	⚊	應	卯木
子孫	⚊		巳火
妻財	⚋		未土
妻財	⚋	世	辰土
兄弟	⚋		寅木
父母	⚊		子水

巽宮八卦全圖

⑤ 天雷無妄　六沖

妻財	———	戌土
官鬼	———	申金
子孫	———世	午火
妻財	— —	辰土
兄弟	— —	寅木
父母	———應	子水

⑥ 火雷噬嗑

子孫	———	巳火
妻財	— —世	未土
官鬼	———	酉金
妻財	— —	辰土
兄弟	— —應	寅木
父母	———	子水

⑦ 山雷頤　遊魂

兄弟	———	寅木
父母	— —	子水
妻財	— —世	戌土
妻財	— —	辰土
兄弟	— —	寅木
父母	———應	子水

⑧ 山風蠱　歸魂

兄弟	———應	寅木
父母	— —	子水
妻財	— —	戌土
官鬼	———世	酉金
父母	———	亥水
妻財	— —	丑土

離宮八卦全圖

① 離為火　六沖

兄弟	——— 世	巳火
子孫	— —	未土
妻財	———	酉金
官鬼	——— 應	亥水
子孫	— —	丑土
父母	———	卯木

② 火山旅　六合

兄弟	———	巳火
子孫	— —	未土
妻財	——— 應	酉金
妻財	———	申金
兄弟	— —	午火
子孫	— — 世	辰土

③ 火風鼎

兄弟	———	巳火
子孫	— — 應	未土
妻財	———	酉金
妻財	———	酉金
官鬼	——— 世	亥水
子孫	— —	丑土

④ 火水未濟

兄弟	——— 應	巳火
子孫	— —	未土
妻財	———	酉金
兄弟	— — 世	午火
子孫	———	辰土
父母	— —	寅木

離宮八卦全圖

⑤ 山水蒙

父母	———		寅木
官鬼	— —		子水
子孫	— —	世	戌土
兄弟	— —		午火
子孫	———		辰土
父母	— —	應	寅木

⑥ 風水渙

父母	———		卯木
兄弟	———	世	巳火
子孫	— —		未土
兄弟	— —		午火
子孫	———	應	辰土
父母	— —		寅木

⑦ 天水訟 游魂

子孫	———		戌土
妻財	———		申金
兄弟	———	世	午火
兄弟	— —		午火
子孫	———		辰土
父母	— —	應	寅木

⑧ 天火同人 歸魂

子孫	———	應	戌土
妻財	———		申金
兄弟	———		午火
官鬼	———	世	亥水
子孫	— —		丑土
父母	———		卯木

坤宮八卦全圖

① 坤為地　六沖

子孫	— —	世	酉金
妻財	— —		亥水
兄弟	— —		丑土
官鬼	— —	應	卯木
父母	— —		巳火
兄弟	— —		未土

② 地雷復　六合

子孫	— —		酉金
妻財	— —		亥水
兄弟	— —	應	丑土
兄弟	— —		辰土
官鬼	— —		寅木
妻財	———	世	子水

③ 地澤臨

子孫	— —		酉金
妻財	— —	應	亥水
兄弟	— —		丑土
兄弟	— —		丑土
官鬼	———	世	卯木
父母	———		巳火

④ 地天泰　六合

子孫	— —	應	酉金
妻財	— —		亥水
兄弟	— —		丑土
兄弟	———	世	辰土
官鬼	———		寅木
妻財	———		子水

坤宮八卦全圖

⑤ 雷天大壯　六沖

六親	爻	世應	納支
兄弟	⚋		戌土
子孫	⚋		申金
父母	⚊	世	午火
兄弟	⚊		辰土
官鬼	⚊		寅木
妻財	⚊	應	子水

⑥ 澤天夬

六親	爻	世應	納支
兄弟	⚋		未土
子孫	⚊	世	酉金
妻財	⚊		亥水
兄弟	⚊		辰土
官鬼	⚊	應	寅木
妻財	⚊		子水

⑦ 水天需　遊魂

六親	爻	世應	納支
妻財	⚋		子水
兄弟	⚊		戌土
子孫	⚋	世	申金
兄弟	⚊		辰土
官鬼	⚊		寅木
妻財	⚊	應	子水

⑧ 水地比　歸魂

六親	爻	世應	納支
妻財	⚋	應	子水
兄弟	⚊		戌土
子孫	⚋		申金
官鬼	⚋	世	卯木
父母	⚋		巳火
兄弟	⚋		未土

兌宮八卦全圖

① 兌為澤　六沖

父母	▅▅　▅▅	世	未土
兄弟	▅▅▅▅▅		酉金
子孫	▅▅▅▅▅		亥水
父母	▅▅　▅▅	應	丑土
妻財	▅▅▅▅▅		卯木
官鬼	▅▅▅▅▅		巳火

② 澤水困　六合

父母	▅▅　▅▅		未土
兄弟	▅▅▅▅▅		酉金
子孫	▅▅▅▅▅	應	亥水
官鬼	▅▅　▅▅		午火
父母	▅▅▅▅▅		辰土
妻財	▅▅　▅▅	世	寅木

③ 澤地萃

父母	▅▅　▅▅		未土
兄弟	▅▅▅▅▅	應	酉金
子孫	▅▅▅▅▅		亥水
妻財	▅▅　▅▅		卯木
官鬼	▅▅　▅▅	世	巳火
父母	▅▅　▅▅		未土

④ 澤山咸

父母	▅▅　▅▅	應	未土
兄弟	▅▅▅▅▅		酉金
子孫	▅▅▅▅▅		亥水
兄弟	▅▅▅▅▅	世	申金
官鬼	▅▅　▅▅		午火
父母	▅▅　▅▅		辰土

兌宮八卦全圖

⑤ 水山蹇

子孫	— —		子水
父母	———		戌土
兄弟	— —	世	申金
兄弟	———		申金
官鬼	— —		午火
父母	— —	應	辰土

⑥ 地山謙

兄弟	— —		酉金
子孫	— —	世	亥水
父母	— —		丑土
兄弟	———		申金
官鬼	— —	應	午火
父母	— —		辰土

⑦ 雷山小過 遊魂

父母	— —		戌土
兄弟	— —		申金
官鬼	———	世	午火
兄弟	———		申金
官鬼	— —		午火
父母	— —	應	辰土

⑧ 雷澤歸妹 歸魂

父母	— —	應	戌土
兄弟	— —		申金
官鬼	———		午火
父母	— —	世	丑土
妻財	———		卯木
官鬼	———		巳火

易卜一：起卦

問卦的方法

為什麼要學習問卦呢？

原來，很多人用錯誤方法求卦，得出了錯誤的信息，因而認為卜卦並不準確，使易卜與卜者含冤莫白。

正確問卦方法如下：

（一）問題要清晰而單一

問的事情要清晰具體，不可以有隱瞞，否則便會捉錯用神。例如有些人問家宅，但家宅涵蓋範圍很大，其實很可能是問者家中有病人，想知道這位家人的健康情況；又或是問者婚姻出了問題，便應該卜問婚姻而非家宅。可是，有些人誤以為卜卦可以一卦無所不包，於是乎就用大範圍的問題去問卜，這一點必須盡量避免。

（二）不應心雜心多

同一時間占卜兩三件不同的事情，也會影響問卦準繩度。例如先問自己的健康，再問丈夫的事業，這樣也容易捉錯用神。理由是，問健康以官鬼為忌神，財生鬼則忌；問丈夫則以官鬼為用神，財生官則旺夫，兩者有天淵之別。

（三）分清代占或自占

自己占與代人占不同，自己占以世爻為主，代人占則要看何人以分辨六親。如代父母長輩問，以父母爻為主；代丈夫問，以官鬼爻為主；代妻子問，以妻財爻為主；代子女問，以子孫爻為主，一定要分辨清楚。比如占自己，子孫發動，可以生財星，可以制官鬼，大吉大利；但是如果代丈夫問，子孫爻發動則剋制官鬼，必定不利於丈夫。

（四）不應反覆占算同一件事

占卜事情以一卦為定，吉凶都會顯現。可是，很多人在學會占卜之後，當占得的結果不好時，便反覆再占同一事，《易》曰：「再三瀆，瀆則不告。」這樣必然得不到真實答案。

這種多占法，源於民初《野鶴老人占卜全書》一書的注者李文輝之說：答案不明，一會再占、明天又可再占、又數天後又占、又一家人分別又占，初學更不看刑沖會合，只要卜得用神持世，例如求財，卜得財爻持世，便是有財。

筆者對此不敢苟同，若如李氏所說，不如去求籤或拋擲聖杯吧！免得浪費前人易卜者的研究心血。雖則如此，但此書的參考價值還是非常高的。

（五）卜問與自己有直接關係的事情

什麼事情與自己有直接關係呢？比如自己的財運、健康、感情、丈夫、子女、父母、投資、工作……等等，這些都是與自己有切身關係的。

什麼事情與自己沒有直接關係呢？例如：你想預測每天恒生指數的升跌、美國總統的運程、每場賽馬的結果、勝出馬匹的號數、六合彩開彩的數字、每天的天氣情況……諸如此類。偶一為之，可能會測中，但筆者並不鼓勵經常占算。

據我所知，不單是初學者，甚至很多本行的從業者，都容易跌進占卜的陷阱，他們在賽馬的日子裏，每場馬匹開跑之前，都會占卜一卦預測賽果。

其實，比較好的做法是，在開賽之前，為自己占算一下當天有沒有横財運。

學者要理解，占卜以重卦為主，每一卦有六爻，八八六十四卦共有三百八十四爻，基本變化是由這三百八十四爻開始，雖然還有變爻的因素，但都是以世爻為主，不離這範圍。用這個變化預測事情，例如婚姻狀況，三百多種變化基本上涵蓋了所有可能性，用以預測人和事基本上是綽綽有餘，但如果是用作預測非常細緻的數字，比如賽馬結果或恒生指數等，則恐怕無能為力了。

（六）搖卦時思想放空

先定好要問的事，搖卦時思想放空，不用太緊張。重點是問題要清楚，不可心懷二、三事或者同一時間問數事，這都會影響準繩度。例如：問個人運程，又問投資得失，又問女兒婚姻，這樣就叫心懷二、三事，應該盡量避免。

盲師在占卦前，一般都會唸誦一些禱文，簡單的也會唸一句「望垂昭報」。目的只求集中神志，並非帶有宗教色彩。

卜卦法入門

起卦用三個錢幣，不論新錢或古錢都可以，重點是可以分清陰陽，以人頭的一面為陽，以文字的一面為陰。

使用古錢的話，則以文字較少或光亮少紋理的一面為陽，乾隆通寶的一面為陰。

搖卦可以用龜殼、竹筒或牙籤筒，也可以用雙手，只要有足夠空間給予三個錢幣上下搖動便可以。

搖卦有以下四種結果：

搖卦有四種結果

- **一陽二陰**：陽爻，為單。
- **二陽一陰**：陰爻，為拆。
- **三陽無陰**：老陽，為重，要變爻。
- **三陰無陽**：老陰，為交，要變爻。

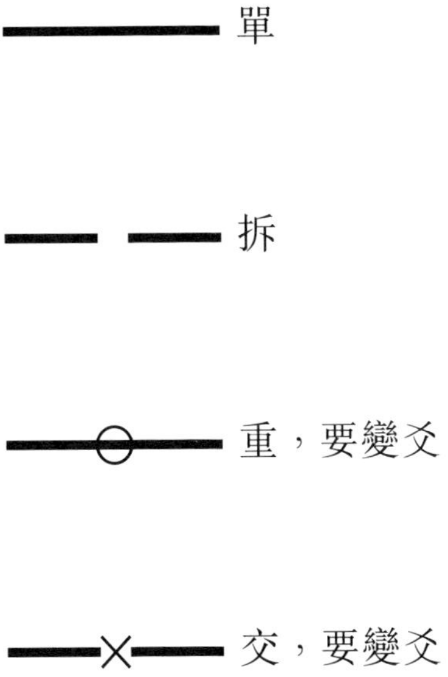

排六爻

- 搖第一次得初爻，在最下。
- 搖第二次為二爻。
- 搖第三次為三爻。

初二三爻合成一卦，是為內卦。

- 搖第四次為四爻。
- 搖第五次為五爻。
- 搖第六次為六爻，在最上。

四五六爻合成一卦，是為外卦。

內外兩卦合而成為八八六十四卦之一，又叫重卦。

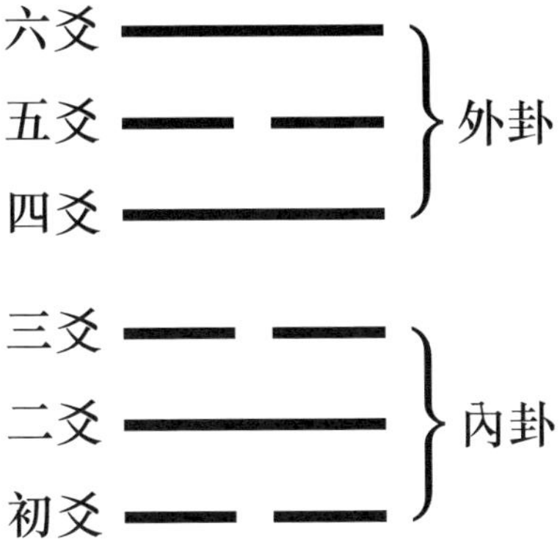

初學起卦，排出六爻以後，就可以在六十四卦表內找到，開始判斷了。

如果讀者希望深造此道，或打算將來以此為業，則可以學習自己裝卦；熟習以後，可以在掌中排卦，不用查表。

八卦的基本

乾三連　坤六斷
震仰盂　艮覆碗
離中虛　坎中滿
兌上缺　巽下斷

初學者一定要認熟八卦的符號。

繼而要知道八卦的名字，用以排列六十四卦。

乾為天　坤為地　震為雷　艮為山
離為火　坎為水　兌為澤　巽為風

乾為天	☰	乾三連
坤為地	☷	坤六斷
震為雷	☳	震仰盂
艮為山	☶	艮覆碗
離為火	☲	離中虛
坎為水	☵	坎中滿
兌為澤	☱	兌上缺
巽為風	☴	巽下斷

八卦基本

例如：卜得上卦艮，下卦乾。因為艮為山，乾為天，於是就成為山天大畜卦。

山天大畜

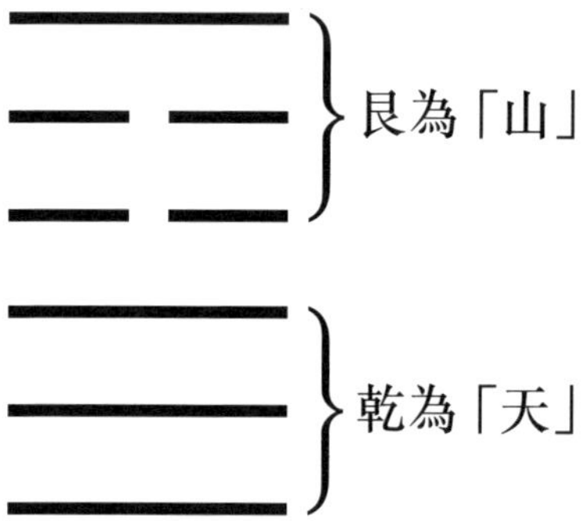

八宮八卦

- **乾宮八卦**：屬金

乾為天、天風姤、天山遯、天地否、風地觀、山地剝、火地晉、火天大有。

簡單口訣：**乾姤遯否觀剝晉有**

- **坎宮八卦**：屬水

坎為水、水澤節、水雷屯、水火既濟、澤火革、雷火豐、地火明夷、地水師。

簡單口訣：**坎節屯（既濟）革豐明師**

- **艮宮八卦**：屬土

艮為山、山火賁、山天大畜、山澤損、火澤睽、天澤履、風澤中孚、風山漸。

簡單口訣：艮賁（大畜）損睽履中漸

- **震宮八卦**：屬木

震為雷、雷地豫、雷水解、雷風恆、地風升、水風井、澤風大過、澤雷隨。

簡單口訣：震豫解恆升井（大過）隨

- **巽宮八卦**：屬木

巽為風、風天小畜、風火家人、風雷益、天雷無妄、火雷噬嗑、山雷頤、山風蠱。

簡單口訣：巽（小畜）家益無噬頤蠱

● **離宮八卦：**屬火

離為火、火山旅、火風鼎、火水未濟、山水蒙、風水渙、天水訟、天火同人。

簡單口訣：**離旅鼎（未濟）蒙渙訟同**

● **坤宮八卦：**屬土

坤為地、地雷復、地澤臨、地天泰、雷天大壯、澤天夬、水天需、水地比。

簡單口訣：**坤復臨泰壯夬需比**

● **兌宮八卦：**屬金

兌為澤、澤水困、澤地萃、澤山咸、水山蹇、地山謙、雷山小過、雷澤歸妹。

簡單口訣：**兌困萃咸蹇謙（小過）妹**

學占卦最難記卦名，宜多花點時間牢記。

例如：

一說山天，就知道是大畜。

一說地水，就知道是師卦。

一說萃卦，就知道是澤地萃。

若能熟背簡單口訣，更可以用掌訣馬上排出世爻應爻，不用查表。

納甲裝卦法

納甲就是將天干、地支加入八卦爻神，便可以利用地支五行的生剋制化、刑沖會合來作出判斷。現在主流的納甲方式乃來自漢朝的京房。

- 乾卦在內卦，初爻起甲子，二爻甲寅，三爻甲辰；
  乾卦在外卦，四爻壬午，五爻壬申，六爻壬戌。
- 坎卦在內卦，初爻起戊寅，二爻戊辰，三爻戊午；
  坎卦在外卦，四爻戊申，五爻戊戌，六爻戊子。
- 艮卦在內卦，初爻起丙辰，二爻丙午，三爻丙申；
  艮卦在外卦，四爻丙戌，五爻丙子，六爻丙寅。

● 震卦在內卦，初爻起庚子，二爻庚寅，三爻庚辰；震卦在外卦，四爻庚午，五爻庚申，六爻庚戌。

● 巽卦在內卦，初爻起辛丑，二爻辛亥，三爻辛酉；巽卦在外卦，四爻辛未，五爻辛巳，六爻辛卯。

● 離卦在內卦，初爻為己卯，二爻己丑，三爻己亥；離卦在外卦，四爻己酉，五爻己未，六爻己巳。

● 坤卦在內卦，初爻起乙未，二爻乙巳，三爻乙卯；坤卦在外卦，四爻癸丑，五爻癸亥，六爻癸酉。

● 兑卦在內卦，初爻為丁巳，二爻丁卯，三爻丁丑；兑卦在外卦，四爻丁亥，五爻丁酉，六爻丁未。

艮卦

——— 丙寅
— — 丙子
— — 丙戌
——— 丙申
— — 丙午
— — 丙辰

乾卦

——— 壬戌
——— 壬申
——— 壬午
——— 甲辰
——— 甲寅
——— 甲子

震卦

— — 庚戌
— — 庚申
——— 庚午
— — 庚辰
— — 庚寅
——— 庚子

坎卦

— — 戊子
——— 戊戌
— — 戊申
— — 戊午
——— 戊辰
— — 戊寅

坤卦

━━ ━━ 癸酉
━━ ━━ 癸亥
━━ ━━ 癸丑
━━ ━━ 乙卯
━━ ━━ 乙巳
━━ ━━ 乙未

巽卦

━━━━━━ 辛卯
━━━━━━ 辛巳
━━ ━━ 辛未
━━━━━━ 辛酉
━━━━━━ 辛亥
━━ ━━ 辛丑

兌卦

━━ ━━ 丁未
━━━━━━ 丁酉
━━━━━━ 丁亥
━━ ━━ 丁丑
━━━━━━ 丁卯
━━━━━━ 丁巳

離卦

━━━━━━ 己巳
━━ ━━ 己未
━━━━━━ 己酉
━━━━━━ 己亥
━━ ━━ 己丑
━━━━━━ 己卯

八卦配天干的方法，有以下口訣：

壬甲從乾數，乙癸向坤求，
庚來震上立，戊用坎為頭，
己以離門起，辛在巽方留，
丙須艮處出，丁向兑家收。

初學者不必強記，只要知道有這樣的方法就可以，可待將來求深造時再去研究。

一般而言，斷卦只以地支為主。現有比較簡單的方法，可以快速在掌上排出地支。

口訣：**天下子、雷下子、山下辰、水下寅**

乾、震、艮、坎四陽卦從初爻起排，地支隔一位。

- 乾卦是：子寅辰午申戌。
- 震卦是：子寅辰午申戌。
- 艮卦是：辰午申戌子寅。
- 坎卦是：寅辰午申戌子。

口訣：**風上卯、地上酉、火上巳、澤上未**

坤、巽、離、兌四陰卦從上爻起排，地支隔一位。

- 巽卦是：卯巳未酉亥丑。
- 坤卦是：酉亥丑卯巳未。

● 離卦是：巳未酉亥丑卯。

● 兑卦是：未酉亥丑卯巳。

納甲裝地支的方法，有其他的不同派別，配出的地支當然有很大分別。現代亦有自家發明的納甲方式，學者可以自行比較。

但是卜卦是虛數，隨機而來，不同於八字、七政等一定要以天文實數為基礎。

但凡虛數，理論上用各家各派的方式都有應驗，故無須太過執着。

筆者在此傳授的方法，乃是京房傳統的配法。

安六親法

六親就是父母、兄弟、官鬼、妻財、子孫。說是六親，其實只得五種關係：

- 生我為父母。
- 我生為子孫。
- 剋我為官鬼。
- 我剋為妻財。
- 同我為兄弟。

以八宮卦首為主五行，配以六爻地支，可以參考六十四卦總圖（見第18頁）。

以乾宮八卦為例，五行屬金，卜得：

天風姤卦

- 初爻丑，土生金，生我為父母。
- 二爻亥，金生水，我生為子孫。
- 三爻酉，金比金，同我為兄弟。
- 四爻午，火剋金，剋我為官鬼。
- 五爻申，金比金，同我為兄弟。
- 六爻戌，土生金，生我為父母。

天風姤（金）

	———	戌	生我者，父母
	———	申	同我者，兄弟
應	———	午	剋我者，官鬼
	———	酉	同我者，兄弟
	———	亥	我生者，子孫
世	— —	丑	生我者，父母

以本宮卦五行為主

如此一來，判斷就如同八字一般，以五行生剋制化為主，不需再看《周易》卦辭、爻辭了，一改兩漢以前的判斷方式。

安世爻應爻法

世爻是每一卦都會應用，代表自己、我的。應爻代表對方、他的。

世爻與應爻一定隔兩位，所以只要定了世爻，就可以找到應爻。

有一首定世應歌訣：

八卦之首世六當，

以下初爻向上揚，

遊魂八宮四爻立，

歸魂八卦三爻詳。

意思就是說，八宮卦第一卦的世爻在第六爻。

例如乾為天：

- 每宮的第一卦，世爻都在最上的第六爻。
- 第二卦是天風姤，世爻在第一爻。
- 第三卦的天山遯，世爻在第二爻。
- 第四卦的天地否，世爻在第三爻。
- 第五卦的風地觀，世爻在第四爻。
- 第六卦的山地剝，世爻在第五爻。
- 第七卦的火地晉，叫遊魂卦，世爻在第四爻。
- 第八卦的火天大有，叫歸魂卦，世爻在第三爻。

其餘各宮，依此類推。

定了世爻，應爻就必定是相隔兩位。

請讀者自行試試填上應爻，可以加強記憶，其餘七宮卦依此類推。

乾

姤

遯

否

晉（遊魂）

觀

大有（歸魂）

剝

安伏神法

雖然一卦有六爻，但有時六爻之中，並不是五行齊備，於是六親就有所欠缺。這種情況下，就要在本宮的第一卦內找尋缺少的爻神：稱為伏神。

以**天風姤**為例：

- 初爻丑，土生金，生我為父母。
- 二爻亥，金生水，我生為子孫。
- 三爻酉，金比金，同我為兄弟。
- 四爻午，火剋金，剋我為官鬼。
- 五爻申，金比金，同我為兄弟。
- 六爻戌，土生金，生我為父母。

卦內缺少木爻，我剋為妻財，即是卦內沒有妻財爻。假若要占卜有關妻財的事，便無從入手，這時就要在本宮第一卦乾為天內，找到第二爻為寅木妻財，原來財伏於二爻亥水之下。

天風姤（金）

	爻	地支	六親
	▅▅▅▅▅	戌	父母
	▅▅▅▅▅	申	兄弟
應	▅▅▅▅▅	午	官鬼
	▅▅▅▅▅	酉	兄弟
	▅▅▅▅▅	亥	子孫
世	▅▅ ▅▅	丑	父母

乾為天

	爻	地支	六親
	▅▅▅▅▅		
	▅▅▅▅▅		
	▅▅▅▅▅		
	▅▅▅▅▅		
伏神	▅▅▅▅▅	寅	妻財
	▅▅▅▅▅		

寅木妻財埋伏於二爻之下

要記住，凡每宮的第一卦都是五行不缺的，要找伏神，就從第一卦去找尋。

此卦：寅木妻財伏藏於二爻亥水之下，水來生木，木又長生於亥水，名為「飛來生伏得長生」，謂之有用的伏神；若問妻財的事情，總有希望。

天風姤（金）

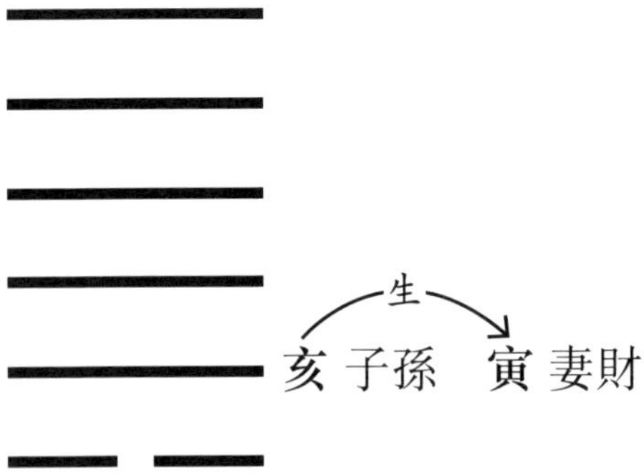

飛來生伏

安六獸法

六獸順序是：青龍、朱雀、勾陳、螣蛇、白虎、玄武。

從占卜當日的天干起出：

甲乙起青龍，

丙丁起朱雀，

戊日起勾陳，

己日起螣蛇，

庚辛起白虎，

壬癸起玄武。

從初爻起，向上順排六獸。

	甲乙日	丙丁日	戊日
六爻	玄武	青龍	朱雀
五爻	白虎	玄武	青龍
四爻	螣蛇	白虎	玄武
三爻	勾陳	螣蛇	白虎
二爻	朱雀	勾陳	螣蛇
初爻	青龍	朱雀	勾陳

	己日	庚辛日	壬癸日
六爻	勾陳	螣蛇	白虎
五爻	朱雀	勾陳	螣蛇
四爻	青龍	朱雀	勾陳
三爻	玄武	青龍	朱雀
二爻	白虎	玄武	青龍
初爻	螣蛇	白虎	玄武

安卦身法

- 陽世初爻身在子，陰世初爻身在午。
- 陽世二爻身在丑，陰世二爻身在未。
- 陽世三爻身在寅，陰世三爻身在申。
- 陽世四爻身在卯，陰世四爻身為酉。
- 陽世五爻身在辰，陰世五爻身在戌。
- 陽世六爻身在巳，陰世六爻身在亥。

卦身有時會在卦內出現；有時不在卦內，就要看伏神有沒有；有時候卦身會出現重疊。

例：**澤火革**

世爻在四爻，陽爻為世爻，便是陽世四爻身在卯。

所以初爻卯木，便是此卦的卦身。

澤火革（水）

— — 未 官鬼
——— 酉 父母
世 ——— 亥 (陽世四爻身在卯)
——— 亥 兄弟
— — 丑 官鬼
應 ——— 卯 子孫 卦身

卦身出現在初爻

假若世爻落空亡，就要看卦身，代世爻之勞。例如此卦，身爻值子孫，最利於占問子女、解憂等事情。

卦身，其實就是作事之身；卦若無身，事無定向。如卦有二身都一起發動，事繫兩途或兩度更改，事情必然重疊；若值空亡，禍福皆不實在也。如卦身不空、不破，又得生旺之地，占事無不如意。

定空亡

空亡以占卜日干支而定。

- 甲子、乙丑、丙寅、丁卯、戊辰、己巳、庚午、辛未、壬申、癸酉，十日內戌亥空亡。
- 甲戌、乙亥、丙子、丁丑、戊寅、己卯、庚辰、辛巳、壬午、癸未，十日內申酉空亡。
- 甲申、乙酉、丙戌、丁亥、戊子、己丑、庚寅、辛卯、壬辰、癸巳，十日內午未空亡。

● 甲午、乙未、丙申、丁酉、戊戌、己亥、庚子、辛丑、壬寅、癸卯，十日內辰巳空亡。

● 甲辰、乙巳、丙午、丁未、戊申、己酉、庚戌、辛亥、壬子、癸丑，十日內寅卯空亡。

● 甲寅、乙卯、丙辰、丁巳、戊午、己未、庚申、辛酉、壬戌、癸亥，十日內子丑空亡。

看何爻落空亡則應驗何事：

● 如妻財爻空亡，則妻財落空，餘類推。

● 如青龍爻落空亡，則財利有損，餘類推。

例如：乙卯日占得**山風蠱卦**，子丑落空亡。

初爻丑土為妻財落空，不利於金錢、妻子、投資等事情。

五爻子水父母爻落空，不利於父母、房屋、田土等事情。

山風蠱（木）

應	⚊	寅	兄弟
	⚋	子 空亡	父母
	⚋	戌	妻財
世	⚊	酉	官鬼
	⚊	亥	父母
	⚋	丑 空亡	妻財

乙卯日，子丑空亡。

變卦法起例

搖錢後可以得四種結果：

- 一陽二陰：為單，為陽爻，靜爻。
- 二陽一陰：為拆，為陰爻，靜爻。
- 三陽無陰：為重，為老陽，要變爻。
- 三陰無陽：為交，為老陰，要變爻。

以**天火同人卦**為例：

- 初爻為重，老陽變陰爻。
- 二爻為交，老陰變陽爻。
- 其他為靜爻。

如此天火同人卦則變成天風姤卦，並寫出變卦後的地支。變卦後的地支，以本卦天火同人論六親。

- 初爻卯變丑，因天火同人是離宮卦，五行屬火，所以丑土為子孫爻。
- 二爻丑變亥，則亥水為官鬼爻。
- 其他不變的爻不用寫出地支。

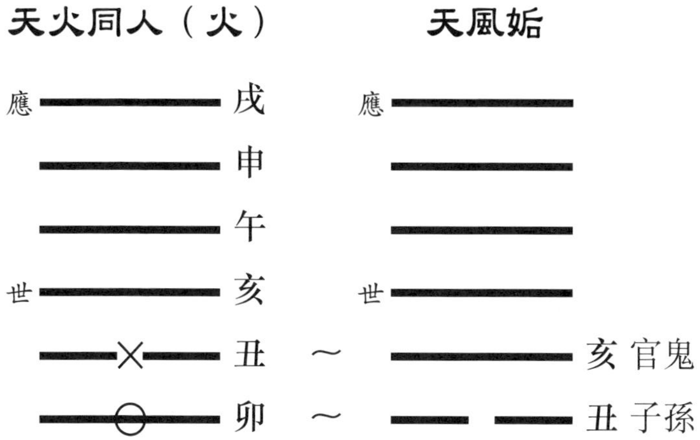

變出之爻以本卦五行配六親

掌中起卦，不用查表法

掌中用食指、中指、無名指定六爻位置，用大拇指從第六爻開始數，以食指第一節為首。

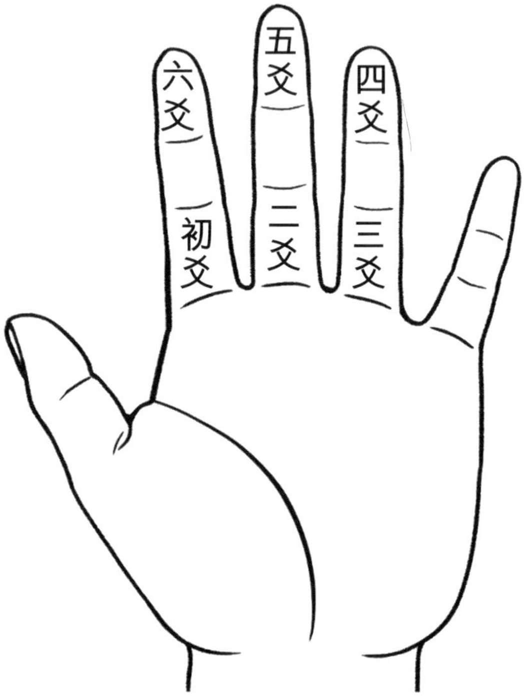

六爻掌中定位

以乾宮為例：

- 乾卦在食指第一節，因為食指第一節是第六爻之位，所以乾為天的世爻在六爻。
- 姤卦在食指第三節，因為食指第三節是初爻定位，所以姤卦的世爻在初爻。
- 遯卦在中指第三節，因為中指第三節是二爻定位，所以遯卦世爻在第二爻。

其餘否卦、觀卦、剝卦、晉卦、大有卦，都是這樣排列。（見下頁圖）

而應爻永遠與世爻相隔兩位，如此一來，則世、應已經清楚知道，不用查表。

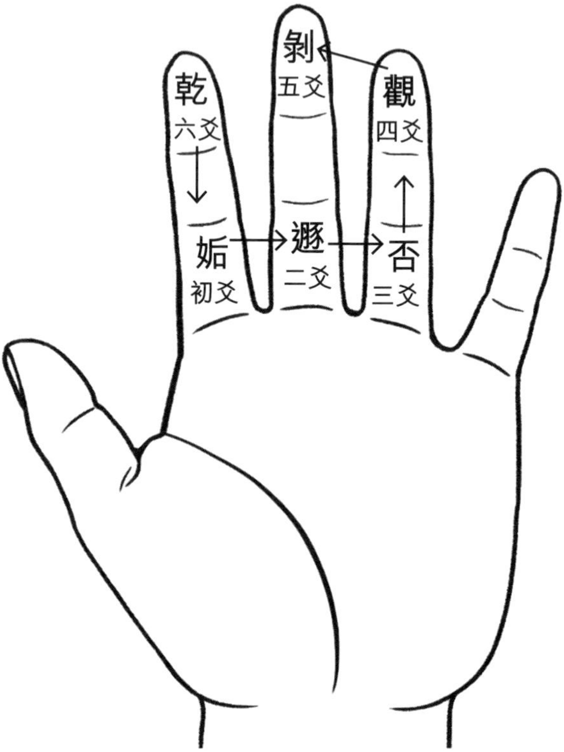

乾宮八卦排世爻

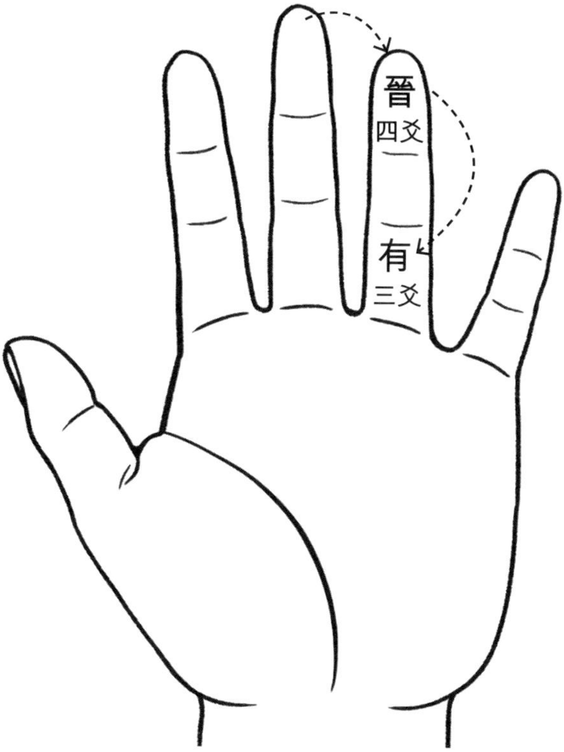

乾宮八卦排世爻

但重點是一定要熟背八宮卦口訣。如果你打算深造此道或以此為業，就必定要熟悉掌中起卦的方法。

- **乾宮八卦**：屬金

乾為天、天風姤、天山遯、天地否、風地觀、山地剝、火地晉、火天大有。

簡單口訣：**乾姤遯否觀剝晉有**

- **坎宮八卦**：屬水

坎為水、水澤節、水雷屯、水火既濟、澤火革、雷火豐、地火明夷、地水師。

簡單口訣：**坎節屯（既濟）革豐明師**

● **艮宮八卦**：屬土

艮為山、山火賁、山天大畜、山澤損、火澤睽、天澤履、風澤中孚、風山漸。

簡單口訣：**艮賁（大畜）損睽履中漸**

● **震宮八卦**：屬木

震為雷、雷地豫、雷水解、雷風恆、地風升、水風井、澤風大過、澤雷隨。

簡單口訣：**震豫解恆升井（大過）隨**

● **巽宮八卦**：屬木

巽為風、風天小畜、風火家人、風雷益、天雷無妄、火雷噬嗑、山雷頤、山風蠱。

簡單口訣：**巽（小畜）家益無噬頤蠱**

- **離宮八卦**：屬火

離為火、火山旅、火風鼎、火水未濟、山水蒙、風水渙、天水訟、天火同人。

簡單口訣：**離旅鼎（未濟）蒙渙訟同**

- **坤宮八卦**：屬土

坤為地、地雷復、地澤臨、地天泰、雷天大壯、澤天夬、水天需、水地比。

簡單口訣：**坤復臨泰壯夬需比**

- **兑宮八卦**：屬金

兑為澤、澤水困、澤地萃、澤山咸、水山蹇、地山謙、雷山小過、雷澤歸妹。

簡單口訣：**兑困萃咸蹇謙（小過）妹**

易卜二：解卦

解卦的程序

解卦其實很簡單，只要依照下列程序就可以。

當一支卦在面前，首先要找出用神是何爻，例如問財是看妻財爻。

（一）首先要看看這財爻是否有用，質量如何。

- 此財爻是否旺相得令？
- 是否得日辰幫扶？
- 有沒有跟日月地支刑沖？
- 有沒有落空亡？
- 有沒有變動？變動出的爻是生是剋？

- 有沒有動爻來生助或剋制？

如此就可以分辨出這是不是有用的財爻。

（二）其次看世爻，世爻就是占卜的當事人，代表當事人當時的運氣及狀態。

- 這世爻是否得令旺相？
- 是否得日月幫扶？
- 有沒有跟日月地支刑沖？
- 有沒有落空亡？
- 有沒有變動？變出之爻是生是剋？
- 有沒有動爻來生助或剋制？

如此就可以分辨出這是不是有用的世爻。

（三）接着看財爻與世爻的關係，看看這財能不能為我所用。

- 財爻來生我、合我，就是財來就我，必然得利發財。
- 財爻就是世爻，就是財祿臨身，萬無一失。
- 財來剋我，雖然有財，但防因財傷身。
- 財來洩我之氣，求財辛勞，但也有一些收穫。
- 我去剋財，就是我去尋財終是難，終須失望。

（四）再看卦象本身是否有特別意義。

例如：

- 水山蹇，代表高低不平、前路艱難的意思。
- 天風姤，男女相遇、桃花運的意思。
- 火山旅，旅行出外、遷移的意思。

以此作為一種參考，但是判斷則以爻神五行為準。

（五）再看此卦是否特殊卦象。

此卦是否六合卦、六沖卦、反吟卦、伏吟卦、遊魂卦、歸魂卦……等等。

特殊卦象影響力比爻神五行為重。

（六）最後，可以參考神煞、六獸。

例如：

- 青龍臨財爻，主喜慶之財。
- 朱雀臨財爻，主財帶口舌。

但判斷都是以五行六神為準。

以上種種，在後列章節都會詳細分析。

論世應

世爻

凡自己占吉凶，一切與自己有關的事情都取世爻為用。

世爻代表自己目前的狀況，但這世爻與八字的日元有很大分別。

八字中的日元是我，並沒有代表性。

世爻也是我，但成卦之後已經有代表性，究竟是什麼持世呢？妻財爻、兄弟爻、父母爻、子孫爻、官鬼爻持世，各有不同意義。

所以說，世爻雖然代表自己，但最重要的是看什麼六神持世。

應爻

應爻為他人、他方、對手，凡相對、敵我的事，都要看應爻。

世為主，應為賓，喜生喜合，嫌沖嫌剋。

- 應生合世最吉。
- 應生世全吉。
- 世生應半吉。
- 應剋世全凶。
- 世剋應半凶。

世應逢沖，凡謀不遂意；
世應齊空，兩下目前退悔；
主賓皆動，二邊日後更張。

世空自己退縮後悔；應空他人退縮後悔。凡動爻則變卦，世動自己變更，應動他人變更。

例：**水風井卦**占合作生意

水風井卦占合作生意，世爻戌土財爻持世，自身有財；應爻為對方，父母持世，勞碌之人。我去尋他終是難，而且世應皆落空亡，是兩雙退悔，日後合作事情果然告吹。

水風井（木）

	— —	子	父
世	———	戌 空亡	財
	— —	申	官
	———	酉	官
應	———	亥 空亡	父
	— —	丑	財

世應皆空，人無準實。

論動靜爻

凡欲長久，用宜安靜。
如求脫卸，主利交重。

如占問一些利於長久安定的事情，例如婚姻、墳地、物業、財富、地基、生意、合伙等，用神得靜旺的爻神，必然長久而穩固，千秋萬代；如用爻發動，則必然中途有更改。如占問脫貨、遷移、改造、變產、遷拆等事情，用神為發動爻神，必定可以成功，否則只有靜待時機。

易卜與其他術數有不同之處，就是除了干支五行之外，還多了陰陽動靜的卦爻符號，看動靜變化可以說是首屈一指。例如占卜事業運程，只要看見世爻發動，就可以肯定會轉工，不管是好是壞，都會轉換新環境，無須再看妻財、官鬼等因素，這就是易卜的長處。但要注意的是，即使靜爻旺相，也不能夠剋制動爻；靜者如坐如臥，動者如行走之人。

例：巳月丙午日占

兌為澤（金）～歸妹

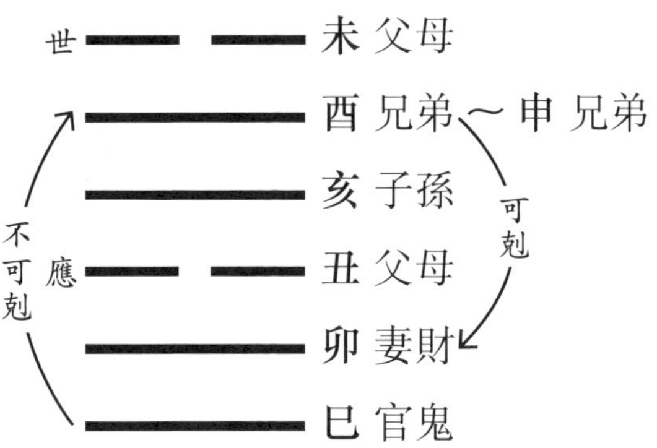

動爻能剋靜爻，
靜爻不能剋動爻。

論動變出之爻

卦有動爻，動則必變。

變出之爻能夠生、剋、沖、合本身之爻；但是變出之爻只是自己獨特的變化，不能生剋其他爻神。

只有年、月、日、時，才能夠生、剋、沖、合變出之爻。

請看下例。

子月癸亥日

山風蠱（木）～蒙

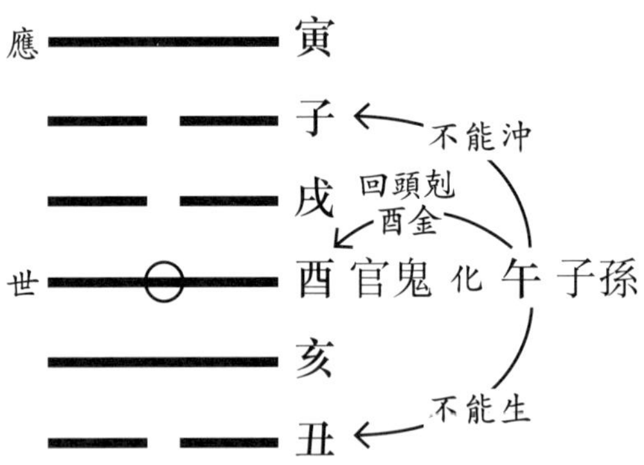

變出之爻只能生剋自己

山風蠱（木）～蒙

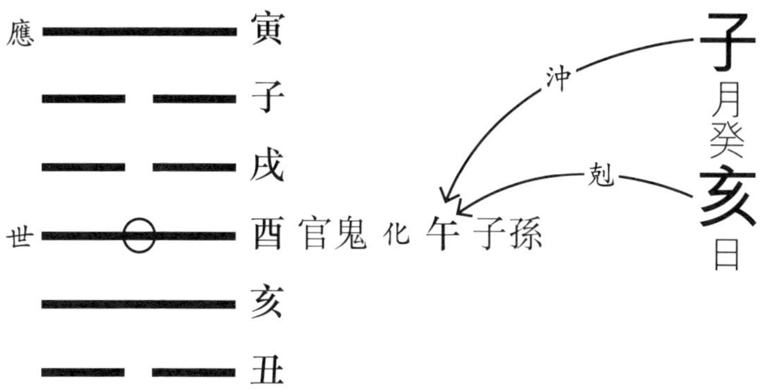

只有月日能生剋沖合變出之爻

論動變生旺墓絕

動變出之爻，能夠直接影響此爻的力量，其中意義可參考第102頁長生五行定局表。

如主事爻屬寅卯木，

- 變出亥水，是主事爻動化長生。
- 變出申金，是主事爻動化絕。
- 變出未土，是主事爻動入墓。

其餘五行依此類推。

其中：

- 化長生，可加強爻的力量。若是用神當然有幫助；若是忌神當然不宜。

● 化絕，是減少爻神的力量。
● 化墓，是代表暗藏，不能為用。

除此之外，更要留意有沒有以下情況：

● 動化回頭剋，例如寅化酉。
● 動化回頭生，例如丑化巳。
● 動化進神，例如寅化卯。
● 動化退神，例如酉化申。
● 動化合，例如丑化子。
● 動化刑，例如寅化巳。
● 動化穿，例如午化丑。

總之，一定要釐清地支相互之間的關係。人生的種種際遇、變化、起落，都由十二地支的互動而產生。

長生定局

	金	木	水	火土
長生	巳	亥	申	寅
沐浴	午	子	酉	卯
冠帶	未	丑	戌	辰
臨官	申	寅	亥	巳
帝旺	酉	卯	子	午
衰	戌	辰	丑	未
病	亥	巳	寅	申
死	子	午	卯	酉
墓	丑	未	辰	戌
絕	寅	申	巳	亥
胎	卯	酉	午	子
養	辰	戌	未	丑

論暗動

靜爻旺相有氣，逢日辰沖、動爻沖，叫沖動。用神、元神沖動，占事而有用；忌神沖動，占事不成。

靜爻休囚無氣，逢日辰沖、動爻沖，叫沖散。用神、元神沖散，占事而不成；忌神沖散，反凶為吉。

暗動出現，福來而不知，禍來而不覺。

請看下頁例子。

例：**火風鼎**，官鬼持世，喜財動相生。

如果是申月占卦，秋令金旺，則卯日沖酉金，妻財爻則是暗動，來生世爻的官鬼，利於財祿、姻緣等事。

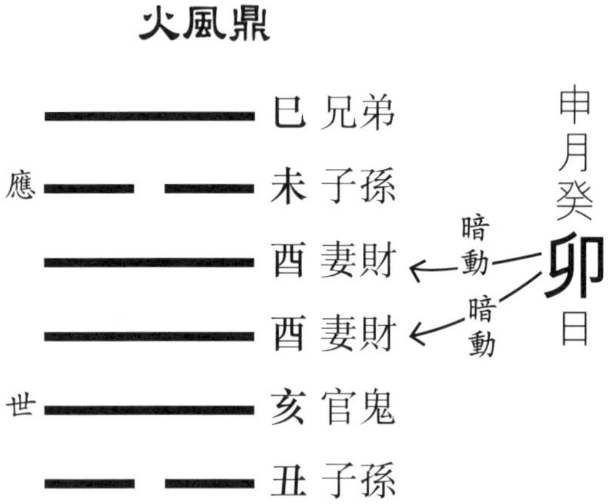

秋月金旺，日沖暗動。

如果是午月占卦，夏令金死，則卯日沖酉金，妻財爻則是沖散，不能為用，不利於財祿、姻緣等事。所以，同一相沖，必須看爻神是旺或衰，這是最重要的因素。

火風鼎

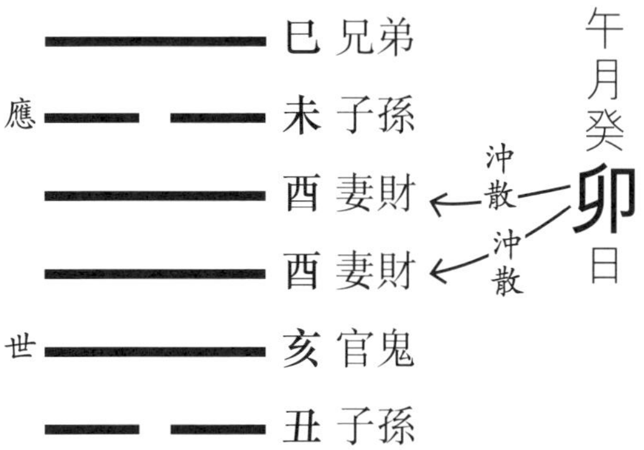

火旺金死，日沖金散。

論空亡

空亡是易卜系統非常重要的一個觀點。《易林補遺》有以下論說：

- 「卦內空亡之爻，永不能生扶他象，又不剋制他人，沖合亦然。空亡亦不受他爻生剋。」

注：意指真正空亡之爻，有等於無，可知其影響有多嚴重。

- 「空亡曰陷，有補虛、填實之方」。

注：空亡之爻若得變爻相生，或得日辰沖者，是為補虛填實，則不為空，依然有用。

月建相生為補虛；

日辰相沖為填實。

但若是月建來沖，名為月破；正所謂空而又空，反而大忌。

● 「空中動出不為空」。

注：發動之爻，亦不可以空亡看，動則不為空亡。

● 「事事宜空中有氣」。

注：所以論空亡，有輕重之分，最重要是看月令，便分假真。

若得月建生扶，旺相空亡之爻，出空之時依然有用。

若果所占之事是未出旬已完結，則又依然落空。

● 「近病逢空即起，久病逢空即死」。

注： 占自己病看世爻，占他人病看用爻。新起疾病，值空亡即便痊癒；久病之人占得空亡，則凶多吉少。

六神空亡

財空富而不厚，
官空貴而不榮，
子空兒女必伶仃，
父空屋室還衰敗，
兄空則弟兄少力，
間空則媒保無能。

六親值空皆不適宜：

- 妻財空：妻無相夫之道，僕無助主之情，資財不聚，諸利無收。
- 官鬼空：功名不顯，謀事不成，夫主寡情，牙人少力。
- 子孫空：兒多不育，後代凋零，生涯不久，賊寇難擒。
- 父母空：上人不佑，房宇蕭條，舟車虧損，文事難圓。
- 兄弟空：弟兄少力，朋友無情。
- 間爻空：間爻是世與應之間兩爻，為中間人、為保、為媒，空則媒保皆無能力。

六獸空亡

陷勾陳而田非久遠，

空玄武而盜不侵欺，

蛇空閑夢假妖邪，
龍陷虛胎非喜兆，
雀避則訟非不起，
虎虛則喪孝無干。

- 青龍空：喜星未照，喜事落空。
- 朱雀空：訟事不成，是非不侵。
- 勾陳空：田地、墳塚皆不久。
- 螣蛇空：怪夢、妖邪總無疑。
- 白虎空：悲喪、血光皆不作。
- 玄武空：奸盜、淫穢亦潛形。

有時候自己占卦太多，或者已知結果而占，或者心不誠而占，或者占問一些博彩如六合彩中獎號碼之類的問題，都會出現世爻或用神落空亡。占卜者應該引以為誡。

子月戌戌日，辰巳空亡

水澤節（水）

▅▅ ▅▅ 子
▅▅▅▅▅ 戌
應 ▅▅ ▅▅ 申
▅▅ ▅▅ 丑
▅▅▅▅▅ 卯
世 ▅▅▅▅▅ ㊀巳 空亡 妻財

妻財持世本好，落空則無。

易卜三：四建篇

四建總論

大部分占卦書籍都強調日辰、月令的重要性，而比較少提年與時。

年月日時四建，都要按所占問事情的時間長短來參看。

例如：

- 占問一年以上或者流年運氣，總之以年為時間單位的事情，都要看太歲對卦爻的影響。
- 至於占問一般事情，或者近數月的事情，或者即將會有結果的事情，則注重看月令與日辰。
- 如果占問一些即日發生的事情，則時辰也是參看的重要元素。

《易林補遺》中提到：

「太歲乃一年之主，
時辰掌頃刻之權。
日主宣威於一月，遠近皆從；
月將出令於三旬，往來咸服。
凡此四建各有所專，時辰管一日之吉凶，日主管一月之禍福，月建
管一年之得失，太歲管永遠之榮枯。」

太歲

太歲乃帝君之星，占久遠大事者不可不看，如問目前小事則不必論之。尤其占流年者，最重要看當年干支，配合卦主六親論。

- 太歲是妻財、子孫，則吉。
- 太歲是兄弟、官鬼，則凶。
- 太歲是父母，則舒服。

例如：己亥年占得**地水師卦**，卦身屬水。

- 流年己土是官鬼，應驗疾病、官非、丈夫、上司等事。
- 亥水是兄弟，應驗是非、口舌、破財等事。
- 甲木是子孫，應驗子女、晚輩、學業、解憂等事。

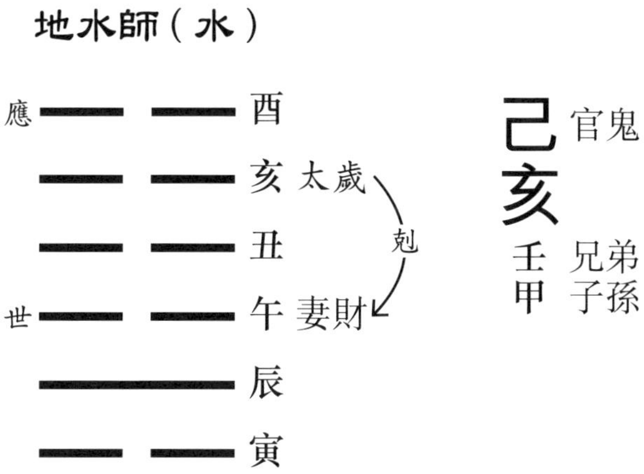

太歲臨兄弟剋世，破財難免。

此卦太歲入卦，剋制世爻之妻財，是故當年必定應驗破財、妻傷、疾病等事情。

又例如：**地澤臨**，卦身屬土。

- 流年是己土為兄弟，主破財。
- 亥水為妻財，主發財。
- 甲木為官鬼，主疾病。

要看卦中是生世或剋世。如此卦，亥水入應爻生世爻，是財來就我，應驗發財、旺夫等事情。

地澤臨（土）

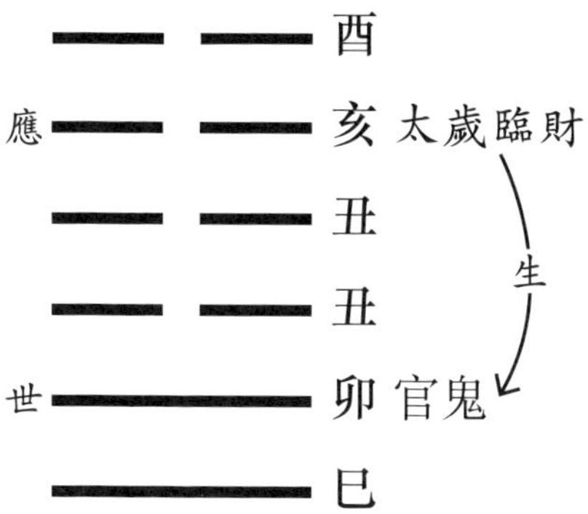

己亥 兄弟

壬 妻財

甲 官鬼

太歲臨財生世，財祿豐足。

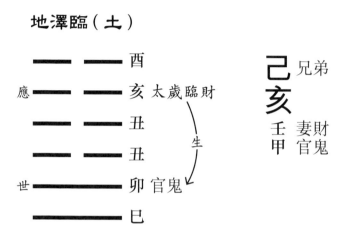

太歲歌訣

一般的易卜書都很少提到太歲的重要性，只有《易冒》一書，內有幾首太歲詩，對太歲的影響力分析仔細。

現在收錄如下：

太歲神中此獨尊，
生持萬惡不能侵，
若來沖剋身和世，
災孽交加禦不成。

注：太歲喜生合世爻，忌沖剋世爻，是為重點。

太歲居陽持世應，
併持鬼煞配官爻，
更兼得位逢生旺，
爵祿榮高神鬼欽。

注：太歲臨陽爻為至尊，生合世爻最利官場中人。

太歲臨官持身世，
仕途遷轉得高陞，
庶人身世逢沖剋，
獄訟徒流災難侵。

注：最忌太歲沖剋世爻，一年內官司訟獄難免。

太歲持兄世與身，
財妻兩失訟難贏，
如來沖剋應遭盜，
失產傷財妻命傾。

注：兄弟劫財臨太歲，流年不利，損財、傷妻之事難免。

太歲父母臨身世，
榮謀動作皆如意，
沖剋幼丁皆損失，
六畜田蠶皆不利。

注：父母臨太歲，總括是平穩之年，除了占問子女事。

太歲子孫持身世，
嗣後榮昌財帛利，
官司不擾病災消，
偃蹇功名難遂意。
注：太歲臨子孫，可以解憂、生財，但不宜女子問感情。

太歲妻財持身世，
富比陶朱倉廩備，
因妻仕宦荷光榮，
剋害雙親禍難避。
注：太歲臨妻財，大利金錢、財祿，只不宜占問父母事。

太歲是天子之尊，占流年管一歲的休咎：

- 若加吉神：如妻財、父母、子孫，加貴人、驛馬、天月德來生身，主一載順利。亦不忌空亡，不忌月日時等相刑破害，雖逢死墓絕亦不招災。
- 若加忌神：如兄弟、官鬼，加螣蛇、白虎……等等，並刑沖破害，動來剋身，必然凶災疊至，一年之內，損丁破財，災禍接踵，歲內不寧。
- 占流年，更重歲破，就是沖太歲之爻，如逢歲破臨世爻，一年不利。例如財爻持世本好，但逢歲破，反主一年破耗，更主刑傷妻室。

凡卜流年，歲破之禍大於月破，月破之禍大於日破，日破之禍大於時破，不可不知。

月建

占卜首先要看月令，這是最重要的第一步。一卦的重點都以月令為先，成敗得失都在這裏出發。

- 月建以月令地支為主，不用天干。
- 月建乃萬卜之提綱，能管往來之禍福。用象如臨月建，永遠亨通；如值忌神，始終坎坷。
- 月令為用神，大吉大利；即使有動爻來剋，亦不為忌。

《易冒》：「爻神值月令，破而不破，傷而不傷，卦中無而若有，爻內絕而不絕，動逢沖而不散，旬逢空而不陷，用神遇此而吉，忌神遇此而凶。」可謂十分精確。

- 月令的能力，可以制裁旺相發動之爻、變出之爻、伏神之爻，權力比太歲更大。
- 月令可以生、剋、沖、合卦內任何一支爻神；爻神則不能夠沖剋月令。

總之，月令好比帝王一樣至高至尊。

請看下例：

山澤損（土）

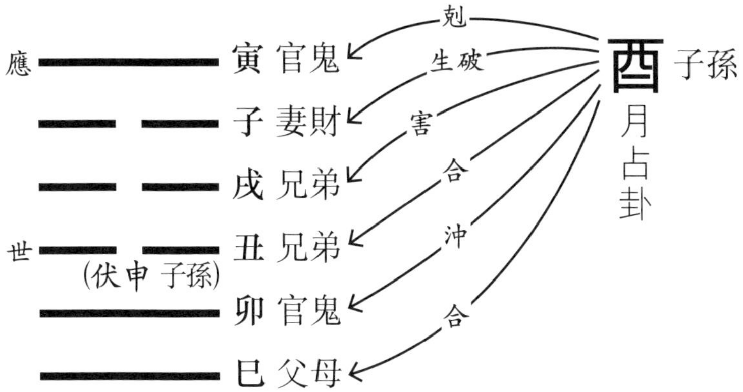

月令能制六爻

此卦月令酉金，為山澤損卦之子孫，卦中雖不現，但依然很有力量。

- 此酉金子孫可以剋制卦中寅、卯官鬼爻，使不能作用，利於化解官司、疾病。
- 一方面生助子水妻財爻，利於求財；另一方面也是害入子水爻，不利於人事。
- 可以洩弱戌、丑土之兄弟爻，使不能劫財。
- 可以合住巳火父母爻，使不能剋制子孫。
- 可以幫助伏神申金子孫，使之得力而有用……

總之，月令就是占卜的重心所在。

月破

被月令相沖之爻是為月破。月破之爻，生之不起，雖有動爻相生亦無用，等於沒有用處的「廢爻」。

- 《易冒》：「生之不長，扶之不起，雖實如虛，雖有如無，為我忌而不傷，在伏則不露，在變則不權，名之曰破，而無所施用。」

注：即使日辰動爻生月破亦無用，是失時無為之爻。

- 《易林補遺》：「月破之爻，永不能生扶他象，又不能剋制他人，又不能沖合他人……月破之爻，不拘衰旺，概作凶推。」

注：這是指辰月、丑月、戌月、未月占卦，以戌未丑辰為月破；土雖然旺於四季月，但由於月破，依然不能為用。

- 用神、元神值月破：大凶。
- 忌神、仇神值月破：反而有利。
- 只有日辰值爻，才可以減去月破之凶。例如午月占卦，而用爻是子水，就是月破爻，本應無用；但剛好是子日占卜，則用爻值日，又變為有用。

除此之外，月破爻為廢爻無救。

月破表

西曆日期	月令	月破
4/2—4/3	寅	申
5/3—4/4	卯	酉
5/4—5/5	辰	戌
6/5—6/6	巳	亥
7/6—7/7	午	子
8/7—8/8	未	丑
9/8—7/9	申	寅
8/9—6/10	酉	卯
7/10—6/11	戌	辰
7/11—5/12	亥	巳
6/12—5/1	子	午
6/1—3/2	丑	未

日辰

● 《易林補遺》：「日為君主，旺衰之象盡能傷。」

注：日乃君主之爻，豈止管旦夕之事，數月之間吉凶無不應驗；況為六爻之主宰，其力量非常強大。

凡值日之爻謂之大吉大利，例如寅日占卦，寅木之爻為值日，縱使爻變出回頭沖、回頭剋、化入墓、化絕，亦不受其害。

● 《易冒》：「莫能破之，莫能空之，莫能散之，如金如剛，孰能傷之，用神遇之，謂之盡善，忌動何憂，仇動何慮。」

注：日辰的重要性只是稍次於月令，所以只有月令可以加減日辰的力量。

例如：

- 春令的申酉日是弱金日，寅卯日是旺木日。
- 夏令的亥子日是弱水日，巳午日是旺火日。
- 秋令的寅卯日是弱木日，申酉日是旺金日。
- 冬令的巳午日是弱火日，亥子日是旺水日。

即使是弱日，也只是使日辰的力量稍弱而已，對於卦爻而言，仍是有無上生殺之權。

日辰可以生、剋、沖、合卦內任何爻神，但是爻神則不能傷害日辰。

請看下頁例子。

例：**風火家人卦**，巳日占。

- 巳日能沖亥水之父母爻：不利父母、房屋事。
- 巳日能生未土之妻財爻：求財大利。
- 巳日能剋合伏神之酉金官鬼爻：不宜丈夫、工作事情。
- 巳日能生合丑土之妻財爻：大利自身求財、妻緣事。
- 巳日能洩卯木之兄弟爻：不宜兄弟姐妹事。

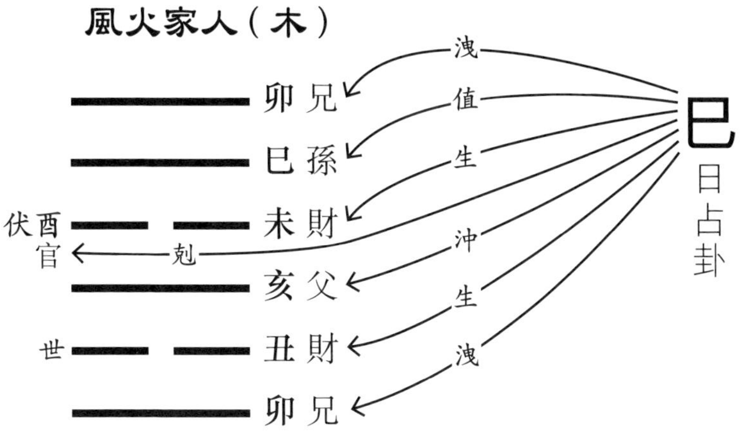

日辰生剋沖合各爻神

時辰

未有卦爻，先有占時，故占時為禍福之源、吉凶之首，應以卦首五行相比較。

如乾宮八卦五行屬金：

- 如巳午時占卦，便是卦之官鬼。若占問丈夫、工作、官司、疾病等事，則大致不吉。
- 如亥子時占卦，便是卦之子孫。若占問官司、疾病事，則子孫可制鬼，大致無礙。
- 如寅卯時占卦，便是卦中妻財。若占問財祿、生意、姻緣等事，吉無不利。

● 如申酉時占卦，便是卦中兄弟。若占問妻財、生意、姻緣事，則兄弟剋妻，損財、傷妻在所難免。

● 如辰丑戌未時占卦，便是卦中父母。若占問物業、文書事，得心應手；若占問子孫、晚輩事，則父母剋子孫，必然阻礙多多。

其餘卦首五行，依此類推。

● 凡時辰入爻，卦中必有用處，問當日事情，必須細辨；但並不管次日的事情。

● 占事先看時辰，可以測來意。六壬神課最重占時，稱之為「先鋒門」，大體吉凶已經呈現，六爻卦亦可以借用。

● 唯有占時落空亡，吉凶並不甚明顯，問吉事不吉，問凶事不凶。

- 占時逢貴人：逢凶化吉。
- 占時逢驛馬：多動多勞。
- 占時逢日破、月破、歲破：破耗難免，多動多勞，宜動勿靜。
- 占時逢日合、月合、歲合：吉則人事和合，凶則糾纏未分，事事宜靜勿動。
- 占時逢日刑、月刑、歲刑：人事不和、勾心鬥角、疾病、是非，避之為宜。

諸如此類，可以作為判斷的參考。

例：**山水蒙卦**，占當日有財否。

六爻無財，但金生秋月有氣，又伏於世爻戌土之下，是「飛來生伏」，可以斷為有財；但財不現，直待酉時財臨時辰而得財。

戌月丁亥日巳時，午未空亡

山水蒙（火）

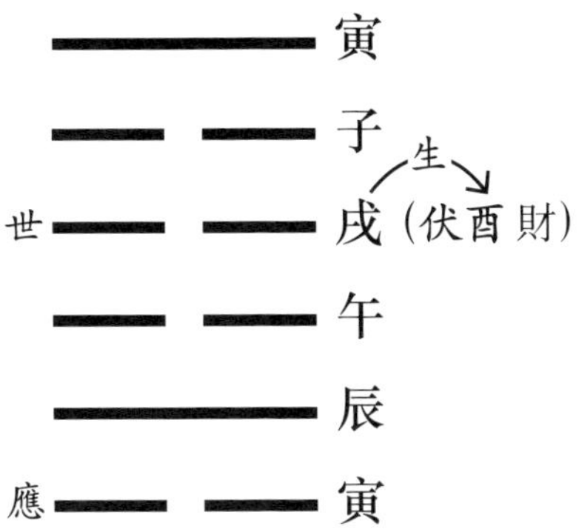

飛能生伏，酉時得財。

易卜四：用神篇

用神總論

卜卦用神與八字用神不同。卜卦用神是找出相關的主爻：

- 若問子女、兒孫、晚輩等，就將卦中的子孫爻為用爻。
- 若問父母、叔伯、叔嬸等尊長，則以父母為用爻。
- 如不能以六親分類，例如泛泛之交、對家公司、對頭人、合作者……則參看應爻。
- 若問自己事情，則以世爻為用。總之用神宜旺相，不宜受剋及休囚。

如卦上不見用神，則要尋找伏神以斷吉凶。

父母

占父母、祖父母、與父母同輩分的人、老師、僕人占主人，或占文書契約、學校、電郵消息、房產物業、田地舖位，以及一切保護我的人與事物，皆以父母爻為用神。

- 《易林補遺》：「父動，子孫僧道剋，蠶畜無收。父空，尊長屋船虧，文書不就。」

注：父母為尊長，不宜發動，動則能傷卑幼，兼剋僧道、春蠶、六畜等人和物事；如兄弟又動者，生助子孫亦不相剋；若財又動者，本爻自受其傷，亦不剋子也。

父爻又不宜空，空則文書不就，並傷尊長、舟船、房屋之類也。

兄弟

占兄弟姐妹、姐夫、妹夫、結拜兄弟姐妹、知己朋友、合伙人、同事、情敵、外遇，以及一切爭執、破財、劫財、是非、爭吵、阻隔、破耗等人與事物，皆以兄弟爻為用。

- 《易林補遺》：「兄動，妻災奴僕患，資財耗散事無成。兄空，友絕弟兄亡，家業清安兒少育。」

注：兄弟為奸詐之神，故不宜動，動則有傷妻妾、弟婦、嫂嫂、奴僕、俸祿、貨物等事，並且耗散資財。

若子孫又動，則子孫可以化兄弟生妻財，可以無礙。

兄爻亦不宜空，空雖家道清安，但又主兒孫欠旺，並妨弟兄、朋友也。

妻財

占妻室、女朋友、未婚妻、婢僕、朋友的妻妾、財富、珠寶、首飾、貨物、薪酬、私家車、資產、股票、基金，以及一切有關於金銀財富的人與事，皆以妻財爻為用神。

- 《易林補遺》：「財動，椿萱受害，文事難圖。財空，妻僕遭迍，利資絕望。」

注：妻財為財利之神，在卦不宜動，動則文書不就，舉狀無成，兼傷尊長之親，又損母、車、房屋。財爻又不宜空，空則虧傷資本，兼損妻奴，又傷財帛。

官鬼

占男朋友、丈夫、上司、功名、政府、官職、仇家、疾病、災禍、憂疑、鬼神、小人、壓力、法律、官訟等，以及一切剋制、壓迫身心的人與事，均以官鬼為用。

- 《易林補遺》：「官動有妨手足，病訟將萌。官空有妨夫君，功名未遂。」

注：官鬼是禍殃兇惡之神，世上所有官災、火災、劫盜，無鬼不能發動，發動則兄弟姐妹有傷。
官鬼空則功名不顯，夫主有虧，諸般謀事少成，家資耗散。
官鬼以不動、不空為佳。

子孫

占子女、兒孫、晚輩、門徒、學生、弟子、女婿、媳婦、寵物、著作、醫生、僧侶、律師、藥物，以及一切可以解除憂患的人與物，都以子孫爻為用。

- 《易林補遺》：「子動，夫傷官職退，民間有慶無災殃。子空，兒損畜蠶虛，朝內少賢多奸佞。」

注：子孫為至吉之神，可以解憂、除病，動則朝無奸佞，民有禎祥，多生兒女，廣獲財源。唯有占官職並問夫病，則不宜動也。此爻又不宜空，空則兒孫受害，蠶畜虛浮；問功名及夫病者，遇空反吉。

論用元仇忌洩

不論占何事，先看何爻為用神。既有用神，須看用神是否旺相得用、有沒有元神動而生扶、有沒有忌神動而剋害。

用神

首先要知道：「煞生身勿作吉斷，用剋世勿作凶看」的道理。

- 用神旺相持世爻，大吉大利。
- 用神旺動生合世爻，大吉大利。
- 用神剋制世爻，是「用剋世勿作凶看」，不可作為凶斷，反而對結果有利。

元神

何謂元神？

- 生用神之爻就是元神，若果元神旺相、臨日、月及元神旺動化回頭生，則大吉大利。
- 元神旺相持世爻，大吉大利。

忌神

何謂忌神？

- 剋制用神之爻為忌神，此神旺或臨日、月及用神動化忌神，則諸占大凶。
- 忌神持世爻，多阻無成。

- 忌神旺動剋制世爻，多阻無成。
- 忌神旺動生助世爻，是「煞生身勿作吉斷」，並非吉利。

仇神

何謂仇神？

- 剋制元神、生助忌神之爻為仇神，剋元神則用神無生發之機；生忌神則用神有剋傷之患，影響深遠。

洩神

何謂洩神？

- 洩用神之爻為洩神，若用神本身無氣休囚，再加洩神旺動，便如人年老力弱，復再勞心勞力，諸占不利。

用神	元神	忌神	仇神	洩神
妻財	子孫	兄弟	父母	官鬼
官鬼	妻財	子孫	兄弟	父母
父母	官鬼	妻財	子孫	兄弟
兄弟	父母	官鬼	妻鬼	子孫
子孫	兄弟	父母	官鬼	妻財

易卜五：持世篇

諸爻持世總論

世爻所持有六親，是占卦後首先要思考的地方，這是非常重要的判斷方向。了解持世的六親，吉凶已經知道了八八九九。

易卜六爻的六親，以八宮卦五行為主，配以爻神地支五行，分出父母、子孫、兄弟、妻財、官鬼之稱。

六神相生、相剋有定局，可以參考下列兩圖：

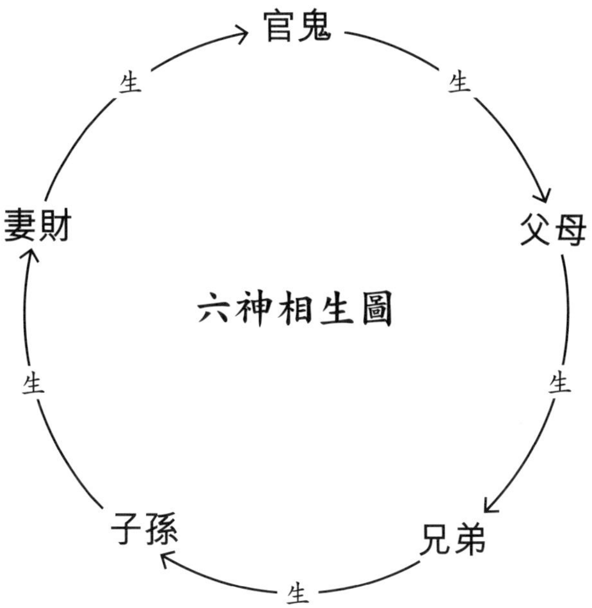
官鬼
生
父母
生
兄弟
生
子孫
生
妻財
生
六神相生圖

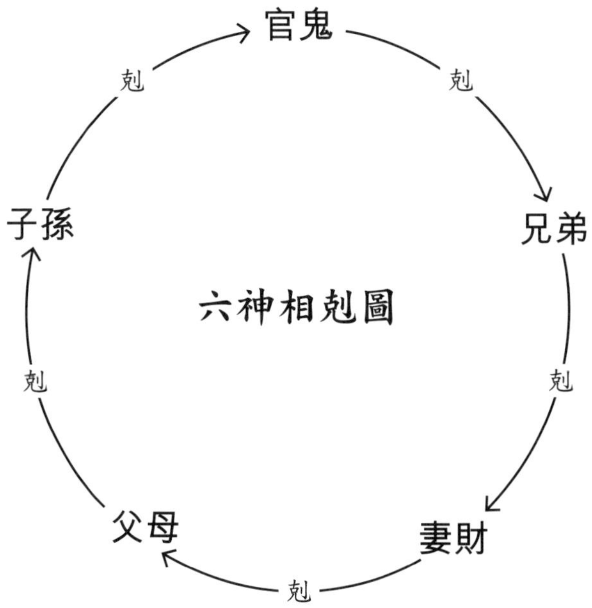
官鬼
剋
兄弟
剋
妻財
剋
父母
剋
子孫
剋
六神相剋圖

父母持世

父母持世主身勞，求嗣妾眾也難招，
官動財旺宜赴試，財搖謀利莫心焦，
占身財動無賢婦，又恐區區壽不高。

- 父母爻是勞碌之神，父母爻必然剋子孫爻，所以不利占子女事。
- 官鬼爻能生父母爻，所以有利於求職。
- 妻財爻必然剋父母，是財來就我，必然有財。
- 妻財爻剋世爻父母爻，所以男命占自身，必有不賢妻。
- 妻財爻必然剋父母爻，所以占父母壽元亦不利。

兄弟持世

兄弟持世莫求財，官興須慮禍將來，
朱雀並臨防口舌，如搖必定損妻財，
父母相生身有壽，化官化鬼有奇災。

- 兄弟爻是是非、破財、阻礙之神，大致而言是不吉利，尤其問金錢、財富、投資、生意、從商……等，必然要破財；合伙人不和、惡性競爭等現象，必然發生。
- 若問有否官非，則必定惹官非，兼且破財，這是官鬼爻必定剋制兄弟爻的緣故。
- 如果加上朱雀同時持世，則官司加口舌、文書訴訟，必然出現。

- 父母爻必定生兄弟爻，就是父母生世爻兄弟，所以自占壽元，可以得到壽延。
- 最怕是兄弟爻持世而化官鬼爻，即是口舌、破財加官司之事接踵而來了，可不慎哉！

子孫持世

子爻持世事無憂，求名切忌作當頭，
避亂許安失可得，官事從今了便休，
有生無剋諸般吉，有剋無生反見愁。

- 子孫爻持世，是吉多凶少，是解憂之象，因為子孫爻必定剋制官鬼爻。
- 子孫剋制官鬼，故不利於求職與求名，女命不利於感情、丈夫、愛人。
- 同理，子孫剋制官鬼，所以避難、避災，必然可以平安。
- 子孫爻必然生助妻財爻，所以有利於求財，即使遺失財物，也可以尋回。
- 當然，即使有官司，亦可以安然化解或和解。

妻財持世

財爻持世益財榮，兄若交重不可逢，
更遇子孫明暗動，利身剋父喪文風，
求官問訟宜財托，動變兄官萬事凶。

- 妻財爻代表財富、妻子，大致是吉多凶少。一般而言，都喜見財爻持世，旺相最妙。
- 當然最忌兄弟爻發動，必然破財、傷妻。
- 子孫爻必定生助妻財爻，所以問自身吉利。
- 但是子孫爻又剋官鬼爻，官鬼爻是父母爻的元神，而妻財爻又必然剋父母爻，所以占父母壽必然喪命。

● 占文書等事亦不宜，因為父母爻又代表文書。

● 妻財爻必定生助官鬼爻，所以求職、求名、興訟，也有一定優勢，只不過要花費金錢。

● 最忌是妻財爻化出兄弟爻，是喜化為忌，又是化回頭剋，破財、傷身、損妻之事在所難免。

官鬼持世

鬼爻持世事難安，占身不病也遭官，
財物時時憂失脱，功名最喜世當權，
入墓愁疑無散日，逢沖轉禍變成歡。

- 官鬼爻是疾病、官非、憂驚，所以官鬼持世必然憂患在身。最忌占病，病必不去；問自身就是非病即官司。
- 官鬼爻必定洩妻財爻，所以即使賺到金錢，也要耽驚受怕。
- 若求職、求名、求丈夫，則官鬼旺相持世最好，必然成功。
- 最怕官鬼爻持世而入墓，叫「隨鬼入墓」，事事不吉，只有日辰沖開墓庫，才有轉變機會。

易卜六：六獸篇

六獸總論

六獸以日干起（見第69頁），可以與爻神有相互的影響；爻神可以影響六獸，六獸也可以影響爻神，但都是受年月日時四建所左右。

澤天夬卦變**雷天大壯卦**：

- 此卦青龍持世，青龍屬木，春生當令，與子孫爻同位，主晚輩、子女喜慶事。
- 青龍發動剋應爻官鬼，若問丈夫，則主會因喜事而生災。
- 兄弟值白虎，辰土生金，白虎雖休囚而有氣。若占兄弟，防手術或外出傷。

寅月戊子日占

澤天夬（土）～大壯

	▅▅ ▅▅	兄弟	未	朱雀
世	▅▅▅▅▅	子孫	酉	青龍～申
	▅▅▅▅▅	妻財	亥	玄武
	▅▅▅▅▅	兄弟	辰	白虎
應	▅▅▅▅▅	官鬼	寅	螣蛇
	▅▅▅▅▅	妻財	子	勾陳

青龍持世主喜慶

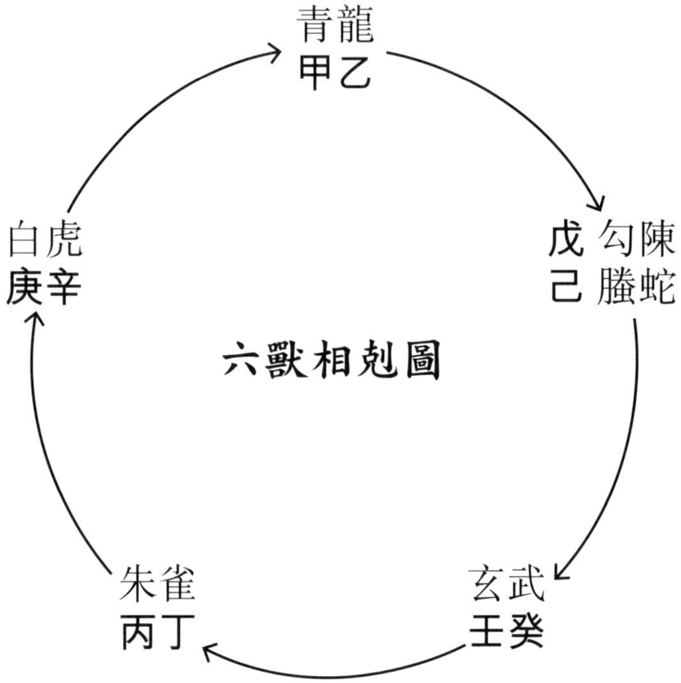
青龍
甲乙
勾陳
騰蛇
戊
己
六獸相剋圖
白虎
庚辛
玄武
壬癸
朱雀
丙丁

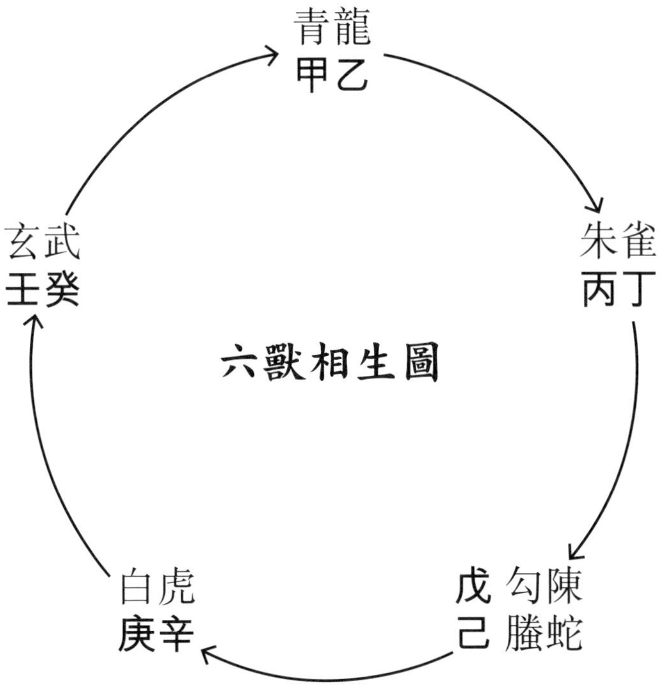
六獸相生圖
青龍
甲乙
朱雀
丙丁
戊 勾陳
己 螣蛇
白虎
庚辛
玄武
壬癸

青龍

甲乙為青龍，其神屬木名東方，春季得令，應甲乙寅卯之日。

- 所主屋宅之左方位置、舟車、貴宦、僧道、嫁娶、喜慶、善事、生育、竹木、青綠。
- 此神若遇動處，無不為祥，縱帶凶神惡煞亦不為災，訟遇得和，病遇得解，問喜即成，問財即得。
- 但不宜沖，沖則其神失半。又不宜空，空則永無嘉兆也。
- 凡青龍發動，主喜慶、歡樂；空則歡慶落空，草木枯竭。

書云：卦中吉將號青龍，作事求財喜氣濃，
求財嫁娶皆遂意，假饒憂事也無凶。

朱雀

丙丁為朱雀，其神屬火名南方，夏季得令，應丙丁巳午之日。

- 所主屋宅之前方位置。
- 朱雀又作祝融、詞訟，應爐灶、火燭、熱災。
- 朱雀宜於文書、契券、公訟、音信、熱鬧、焦燥、乾旱、虛胎、口舌等事件。
- 朱雀發動，事事皆興；空則各般減弱，有災亦減少。

書云：朱雀臨爻卦上來，文書發動事難諧，
　發訟欠光並口舌，求謀交易盡不安。

勾陳

戊土為勾陳，土神屬中央，則四季月當令，應戊己辰戌丑未之日。

- 所主屋宅之中央位置。
- 戊土為公差、墳塋、遲滯、州郡、城廓、田土、陰晦、垣塘、隱伏、伏屍、蠱毒、山林、埋藏、黃色等事。
- 凡勾陳發動，事見遲留；空則田土不利。

書云：**勾陳事事主勾留，遁悶遲疑未罷休，**
若乃求官官未至，望求財物亦難收。

螣蛇

己土為螣蛇，其神為赤，無正位，居戊土之後，依附勾陳，應戊己辰戌丑未之日。

● 螣蛇主虛浮、驚恐、憂疑、怪夢相侵、纏索、黏帶、纏綿、怪異、夢寐、火災、虛驚、哄詐、赤色。

● 螣蛇發動，諸事不寧；空則奸邪不侵，怪夢不忌。

書云：螣蛇終是有憂驚，怪夢邪魔恐見侵，
　功名女人多遠退，安然守靜始清平。

白虎

庚辛為白虎，其神屬金主西方，秋季得令，應庚辛申酉之日。

- 所主屋宅之右方位置、金玉、瓦石、刀兵、殺戮、喪服、凶禍、哭泣、血光、生產、車禍、官非、手術等事件。
- 白虎發動，諸般不吉；空則產孕動而虛生。

書云：白虎爻驚事不祥，多招疾病亦災殃，
　見血強作有孝服，關防謀害及爭剛。

玄武

壬癸為玄武，其神屬水居北方，冬季得令，應壬癸亥子之日。

- 所主屋宅之後方位置。
- 玄武乃陰人、盜賊、水利、奸邪、陰雨、江海、池井、坑廁、濕潤、小人、陰私、奸淫、暗昧、隱神、墮胎、慳吝、玄秘等事。
- 玄武發動，人事不安；空則江河枯竭。

書云：玄武原來是暗神，逃亡淫盜每相侵，

求則難托終無實，賭博交關不稱情。

六獸臨爻變通

- 青龍屬木，遇水為恩；若值金爻，非為全吉。
- 白虎屬金，遇土傳加橫勢；若應午地，不為大凶。
- 玄武屬水，遇金傳盛；若居土位，盜賊稍防。
- 勾陳屬土，遇火添威；若在木爻，田禾欠熟。
- 朱雀屬火，見木增光；若入水中，訟當息災。
- 螣蛇雖附土中，本原屬火，遇水難傷，逢木不剋，故為妖怪之星。

易卜七：卦象篇

六合卦

六合卦就是上卦三爻與下卦三爻相合。六爻相合，總共只有八卦：

- 天地否
- 地天泰
- 澤水困
- 水澤節
- 山火賁
- 火山旅
- 雷地豫
- 地雷復

以天地否為例，上卦三爻午、申、戌與下卦三爻未、巳、卯相合，就是六合卦，其餘卦同推。

占得六合卦：

- 六合咸稱吉象，若問遣人、出獄總非宜。
- 凡占好事、喜慶、合作、謀為、添丁，得六合卦是大吉大利。
- 凡占官司、分居、遷移、病症、憂疑，得六合卦反而不利。
- 也要看用神是否得用。
- 也要看看有否變卦。有些情況是，六合化出六沖卦，則先吉後凶。
- 也要看有否年月日來沖。若有沖破，就變成「合處逢沖」種種凶。

請看下頁例子。

例：**天地否卦**

天地否（金）

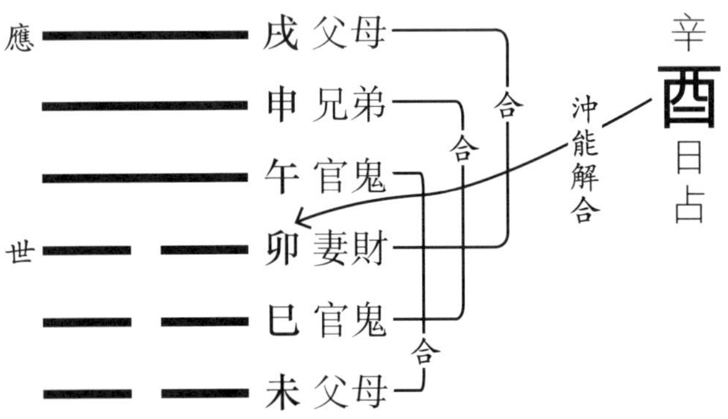

合處逢沖處處凶

天地否卦，乾宮卦，卦身屬金。

- 世爻持卯木之財，又與上爻戌合，主求財大吉大利。
- 但是在酉日占卦，日辰沖卯木之財，吉變成凶，財得不償失。若問妻子、感情事，則必定有離異之情況。

六沖卦

六沖就是上卦三爻與下卦三爻都是相沖。凡八宮首卦都是六沖卦，如下：

- 乾為天
- 兌為澤
- 離為火
- 震為雷
- 巽為風
- 坎為水
- 艮為山
- 坤為地

還有就是：

- 天雷無妄
- 雷天大壯

以天雷無妄為例，上卦乾卦三爻是午、申、戌，下卦震卦三爻是子、寅、辰，六爻皆互沖，就是六沖卦了。

占得六沖卦：

- 六沖本是凶卦，但若占散訟、脫災則有利。
- 六沖卦基本上是凶卦，問一些好的事情，例如：結婚、生意、合作、財運……等等，都不吉，無有而不散。
- 相反，若問凶事反而有利，例如：官司、拆卸、改組、近病……等等，尤其是近病、新病、急病，占得六沖卦，很快痊癒。近病逢沖即起，就是此意。

● 又有沖中逢合。問得六沖卦，但是年月日與世應相關爻神相合，變成「沖中逢合」，反凶為吉。

例：**天雷無妄**，巽宮卦，卦身屬木。

● 六爻相沖：世爻午火與初爻子水相沖，二爻寅木與五爻申金相沖，三爻辰土與上爻戌土相沖；問任何事，都無有而不散。

● 但是在未日占卦，未與世爻午火相合而解世應之沖。未為財爻，若問財事，必然絕處逢生，而有意想不到的收穫。

天雷無妄（木）

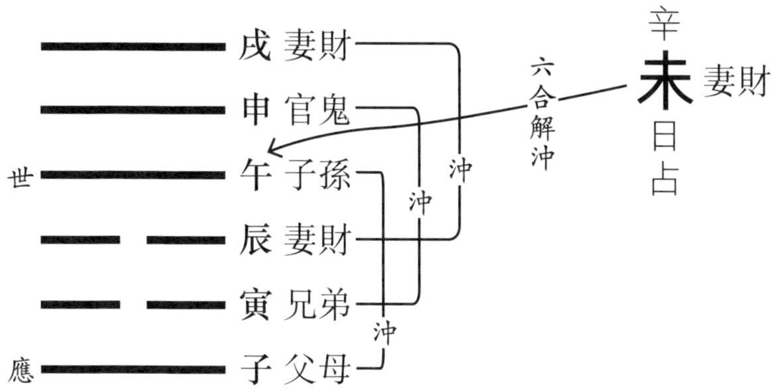

沖中逢合，凶化為吉。

六沖卦有時會反映占卜的事情不切實際，例如所問不是目前的事，而是很久遠以後的事；或者你已知結果而在反覆問卦，這樣就會出現六沖卦。

例如想問：

- 自己何時發達？何時中六合彩？
- 女兒的丈夫將來會否「包二奶」？

如果在同一段時間之內，都占得六沖卦，那麼你就要檢討一下：自己是否明知故問？是否過度占卜？若出現這種情況，就應該要停止占卜一段時間，讓自己心靈沉澱一下。

遊魂卦

八宮八卦的第七卦叫遊魂。占得遊魂卦與鬼神無關，不用被名稱嚇怕。

- 火地晉
- 地火明夷
- 風澤中孚
- 澤風大過
- 山雷頤
- 天水訟
- 水天需
- 雷山小過

遊魂的來源是，每八宮純卦成象後，必然產生變化，以符合自然定律，於是從初爻起變化，然後二爻、三爻、四爻、五爻，有如樹木向上生；如果再向上變第六爻，就會變化成為別個宮位的八純卦，於是唯有退而求變，回頭向下走，所以叫遊魂，取名不定的意思。

以乾宮為例，如果往上變第六爻，就會變成坤卦，變為他宮，而脫離了本宮範圍，所以回頭向下變，而成為遊魂卦。

占得遊魂卦：

- 凡事不定，利於遠行，可以行千里之路。
- 主動不主靜，凡事漂泊。
- 吉凶以爻神五行生剋為主。

歸魂卦

八宮八卦的最後一卦叫歸魂卦。占得歸魂卦與生死、鬼神等事情無關，不用被名稱嚇怕。

- 火天大有
- 地水師
- 風山漸
- 澤雷隨
- 山風蠱
- 天火同人
- 水地比
- 雷澤歸妹

歸魂的來源是，每八宮純卦成象後，必然產生變化，以符合自然定律，於是從初爻起變化，然後二爻、三爻、四爻、五爻，有如樹木向上生；如果再向上變第六爻，就會變化成為別個宮位的八純卦，於是唯有退而求變，回頭向下走，初則遊魂，繼而歸魂，回歸本家之意。

以乾宮為例，如果往上變第六爻，就會變成坤卦，變為他宮，脱離了本宮範圍，所以回頭向下變，成為遊魂卦，再向下行而成為歸魂卦。

占得歸魂卦：

- 主回歸，主靜而不動。
- 占旅人在外速回歸。
- 又主重複舊事。
- 吉凶以爻神五行生剋為主。

卦反吟

卦的影響力，有時會比爻神更大，先卦、後爻。

後天八卦圖中，凡是對沖的卦就叫反吟，反吟代表變化、反覆、動盪。

- 乾對巽
- 坎對離
- 艮對坤
- 震對兌

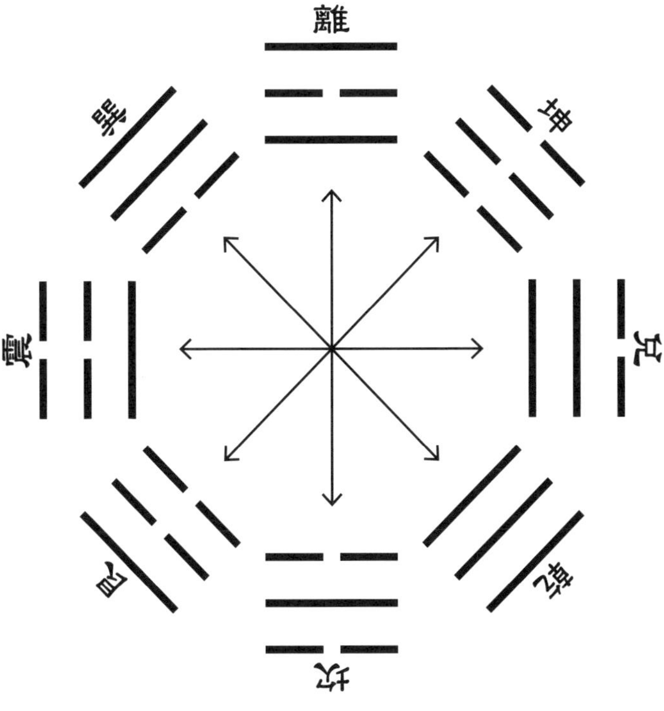

後天八卦圖

有卦本身的反吟，如下：

- 天風姤
- 風天小畜
- 水火既濟
- 火水未濟
- 雷澤歸妹
- 澤雷隨
- 山地剝
- 地山謙

共有八個卦。

占兩兩相對有主客關係的事情，有爭持不下的情況出現。

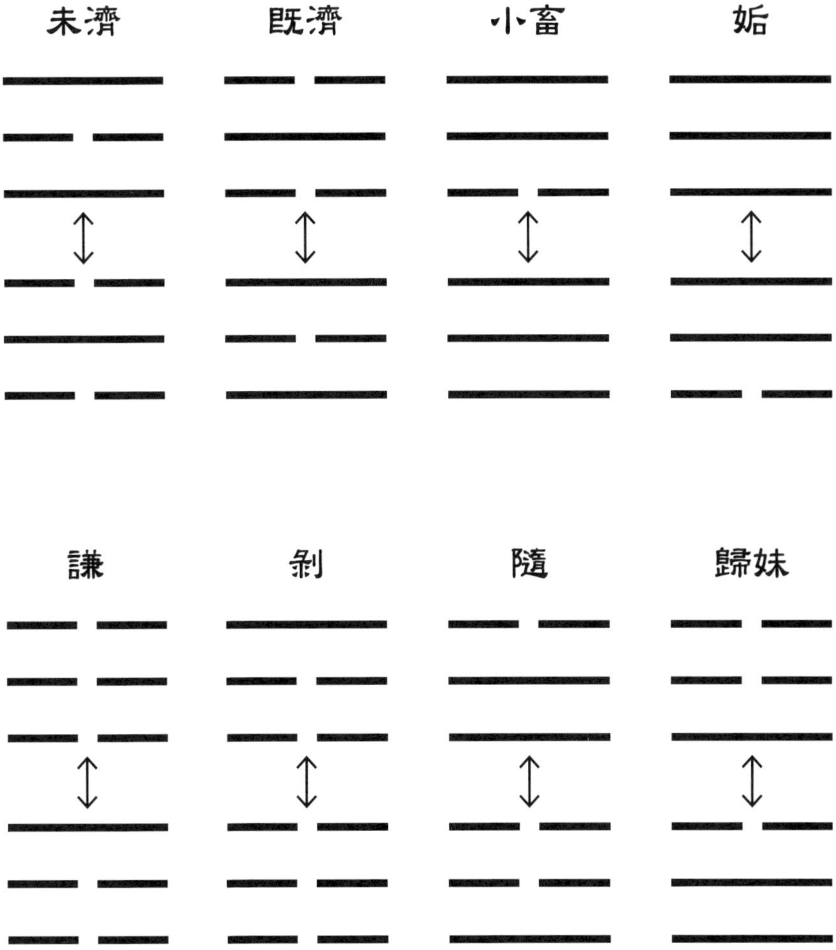

卦本身反吟，上下相沖。

有自己化出的反吟，如下：

- 乾化巽卦
- 巽化乾卦
- 坎化離卦
- 離化坎卦
- 艮化坤卦
- 坤化艮卦
- 震化兑卦
- 兑化震卦

不論上卦或下卦均是。凡占得此卦，代表自亂陣腳、決定錯誤。

又有重卦化出反吟，如下：

- 天風姤化風天小畜
- 風天小畜化天風姤
- 水火既濟化火水未濟
- 火水未濟化水火既濟
- 山地剝化地山謙
- 地山謙化山地剝
- 雷澤歸妹化澤雷隨
- 澤雷隨化雷澤歸妹

請見下頁圖。

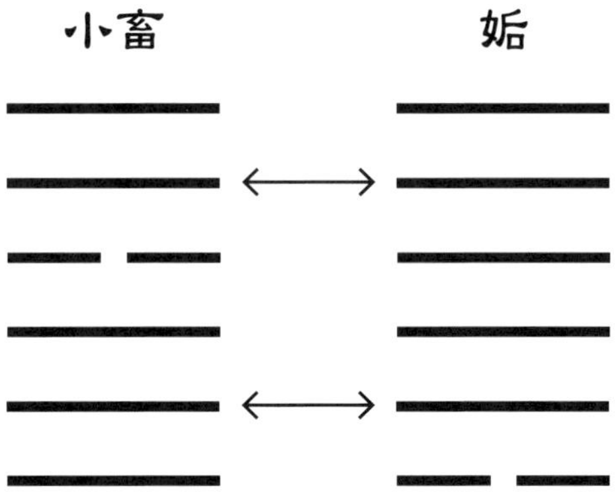

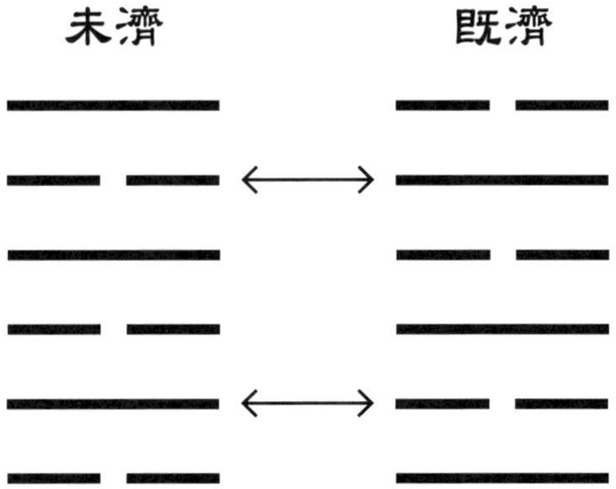

重卦反吟最凶

這是最嚴重的反吟，凡占得重卦反吟，代表：不論自己、他人以至整體局勢，都會出現一種難以控制的情況。

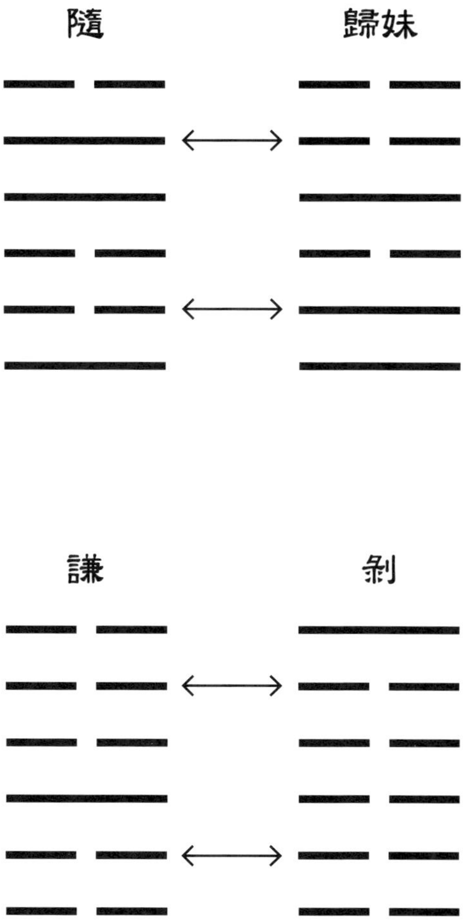

重卦反吟最凶

爻反吟、伏吟

爻反吟

爻反吟就是爻本身地支六沖。占得爻反吟看是何爻，是財爻則財不定，是世爻則自己不寧。

爻反吟只有坤卦化巽卦或巽卦化坤卦。當中是：

- 丑未沖
- 卯酉沖
- 巳亥沖

看是何爻判斷何事。

例：**地澤臨**變**風澤中孚**

● 上爻酉金子孫生五爻亥水妻財，妻財生世爻，本應財祿運氣好，可惜亥化巳、酉化卯，大打折扣。

● 吉凶還看用神旺相與否，但已大打折扣。

	地澤臨（土）			風澤中孚	
	▅▅ ✕ ▅▅	酉 子孫	化	▅▅▅▅▅	卯 官鬼
應	▅▅ ✕ ▅▅	亥 妻財	化	▅▅▅▅▅	巳 父母
	▅▅　▅▅	丑 兄弟		▅▅　▅▅	
	▅▅　▅▅	丑		▅▅　▅▅	
世	▅▅▅▅▅	卯		▅▅▅▅▅	
	▅▅▅▅▅	巳		▅▅▅▅▅	

爻反吟

爻伏吟

例：**天風姤變雷風恆**

- 五爻申金變申金。
- 上爻戌土變戌土。

占得爻伏吟，主靜而不動，欲動反不能動，看是何爻判斷何事。

- 是子孫爻，應驗晚輩沉吟不樂。
- 是父母爻，應驗父母與物業等事不寧。
- 是妻財爻，應驗妻子與財富只宜守靜。
- 是兄弟爻，則破耗之事依然不變。

天風姤（金）			雷風恆
	戌 父母	～	戌 父母
	申 兄弟	～	申 兄弟
應	午 官鬼		
	酉 兄弟		
	亥 子孫		
世	丑 父母		

爻化出伏吟

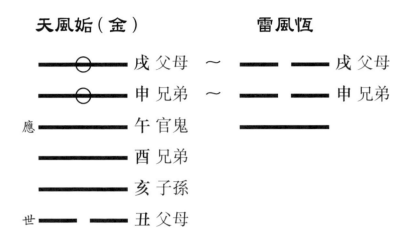

又有上下卦六爻伏吟：

- 風地觀
- 地風升

以風地觀為例，上卦巽為風三爻是未、巳、卯，下卦坤為地三爻是未、巳、卯；六爻相同，就是伏吟。

占得此卦：

- 主沉鬱不暢快，事事宜守不宜攻，欲速則不達，只能穩守以候時機。
- 問得伏吟卦爻，並不代表要守株待兔，或者給自己懶散的藉口，而是應該改變一下處事態度和方法，想想新的點子。過一段時間後再占卜，就會得到新的結果。

風地觀

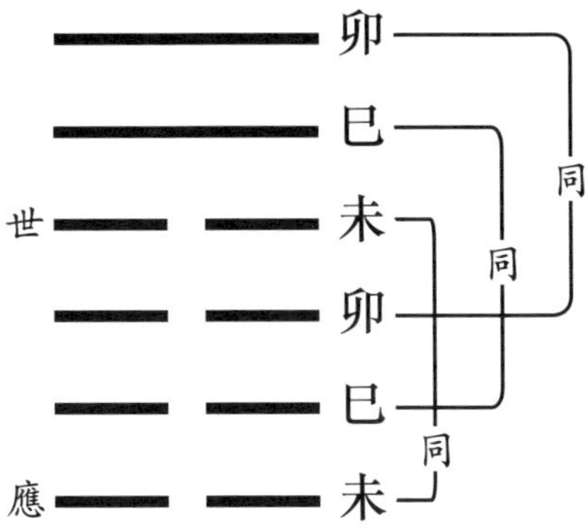

地風升

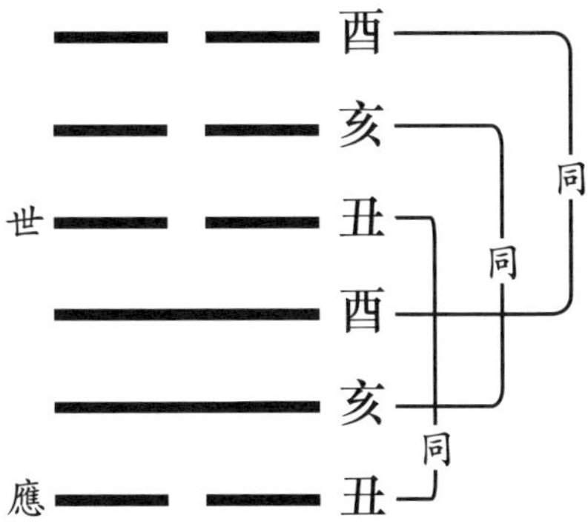

上下卦爻伏吟

易卜八：古訣篇

論一爻動

凡卦只有一爻發動，代表事情發展清楚明確，不論好壞，都一定會有明顯的結果，絕不含糊，所以卜者從判斷的立場而言，最喜愛就是看見一爻發動，因為一定得到清晰的判斷結果。

所謂「**一爻獨發，此象非輕**」，就是這個意思。

《海底眼》一書中，對於論一爻動的分析最為清楚，自古以來都被占卜大師視為金科玉律，學者必須要細心細究。現錄如下：

父動：

父母當頭剋子孫，（父能剋子）

病人無藥主沉昏，（子為醫藥）
婚姻子息應難得，（子怕父剋）
買賣勞心利不存，（子為財源）
觀望行人書信動，（父為書信）
訟官下狀理先分，（父為狀詞）
士人科舉登金榜，（父為文章）
失物逃亡要訴論。（財星無源）

子動：

子孫發動傷官鬼，（子能剋鬼）
占病求醫身便痊，（鬼制病安）
行人買賣身康健，（子為福德）

婚姻喜笑是姻緣，（旺動傷夫）
產婦當生子易養，（子為用神）
詞訟空論事不全，（官被子剋）
謁貴求官休進用，（主用被傷）
守舊當占可自然。（官星受制）

妻動：

妻財發用剋文書，（財能剋文）
應舉求官總是虛，（文書受傷）
買賣交易財利吉，（用神出現）
婚姻如意樂無虞，（財為妻主）
行人在外身欲動，（財動生回）

產婦求神易娩除，（財動生鬼）
失物靜安家裏覓，（財靜可尋）
病者傷脾並胃虛。（財為飲食）

兄動：

兄弟同人剋了財，（同謂同類）
病人占者恐悲哀，（兄動反覆）
應舉雷同文不一，（兄主文雜）
若是常占尚破財，（兄動剋財）
見官虛詞應累眾，（兄動虛詐）
出路行人身未來，（兄動有阻）
貨物經商消折本，（以財為主）

求妻買婢事難諧。（同上斷之）

官動：

官鬼從來剋兄弟，（鬼動剋兄）
婚姻未就生疑滯，（鬼動狐疑）
病困門庭禍祟來，（病占忌鬼）
更改動謀皆不行，（鬼動阻隔）
出外逃亡定見災，（出行不宜）
詞訟傷身累有因，（鬼剋世爻）
買賣財輕賭博輸，（妻財洩氣）
失物難尋暗昧侵。（鬼主暗昧）

論六親爻變

凡爻有動變，則要看變出是何六親，有時好壞並不一定以生剋論，而是以意象論吉凶。

例如：官鬼化兄弟是我剋他，本吉；但因化出是兄弟，兄弟本身主欺詐，而官鬼本身也是凶爻，就所以全凶。

又如：父母化妻財是回頭剋我，本凶；但如果是求財或賣房屋，則因妻爻是金錢，則又凶變成吉了，求財必獲。

《海底眼》一書對六親變爻有很詳細的分析，歷來都被占卜名家引用，現錄如下：

父化：

父化父兮文不實，（變動變改）
舉事艱難事非一，（父主艱辛）
父化子兮宜退散，（化子凶散）
父化兄兮多口舌，（化兄是非）
求謀婉轉須重疊，（縱成易改）
父化財兮交易利，（先難後易）
家長不寧求事拙，（化財剋父）
父化官兮家誤失，（化鬼不宜）
求官必得近高職，（官父兩旺）
卦無父母事無頭，（父為統體）
更在休囚空費力。（父衰後勞）

財化：

財化財兮婦主災，（謂之化去）
財化官兮徒走失，（財生官鬼）
財化文書用可諧，（先難後易）
財化兄兮財少成，（兄能剋財）
相知脫賺勿交親，（因友侵耗）
財化子兮官事散，（子能剋官）
托用人情不一心。（託人不宜）

兄化：

兄化兄兮家不足，（兄能剋財）
兄化財兮財反覆，（先難後易）

兄化官兮休下狀，(鬼能剋兄)
占病難醫哭泣臨，(鬼主疾病)
兄化文書和改求，(先阻後順)
心情後喜主先憂，(先憂後喜)
兄化子兮憂可散，(子能剋鬼)
若望行人信有期。(子為福德)

官化：

官化官兮病未安，(謂之化去)
見貴求官事盡難，(有名無實)
官化文書官未順，(官被洩去)
縱能憂病還為吉，(病凶亦吉)

官化子兮憂自除，（官遭子傷）
若占小口必災危，（子為鬼化）
官化兄兮朋友詐，（鬼兄欺詐）
安托人心不似初，（兄主口舌）
官化財兮財自得，（財能生官）
賭博抽拈總不如，（件件不宜）
卦中無鬼難謀事，（無鬼不成）
官員不見事空虛。（見官無主）

子化：

子化子兮陰小凶，（謂之化去）
舉訟興官理不同，（官長反覆）

子化官兮防禍患，（子忌化官）
占疾憂疑總不中，（醫藥受剋）
子化父兮防產婦，（父能剋子）
無中生有頭緒多，（福神受制）
子化兄兮事不圓，（化兄虛詐）
脫詐人情疑莫信，（先喜後憂）
子化財兮好望財，（子能生財）
交加爭競鬼相干。（鬼能洩財）

論飛伏神

卦中無用神，則取伏神，除了日辰、月令可以影響伏神之外，伏神受飛神影響也極大。

《海底眼》一書中，提到飛伏神的關係如下：

伏剋飛神為出暴，
飛生伏下得長生，
卦見伏生飛是脫，
用遭飛剋事難行。

以伏神為中心：

- 「伏剋飛」就是我剋他，伏神本質內藏柔弱，剋他則極為費力，故名之為「**出暴**」；如無日月生扶，斷之為無用的伏神。

- 「飛生伏神」就是他生我，弱質伏神得人來助，故名之為「**長生**」；如無日月來破壞，斷之為有用的伏神。
- 「伏生飛」就是我生他，故名之為「**脱氣**」，無力伏神再去洩氣；除非日月生助，否則就是無用的伏神。
- 「用遭飛剋」就是他來剋我，伏神本弱再被人剋，故稱之為「**難行**」；若無日月扶助，占事凶多吉少。

《易林補遺》內有一例占求財：

三月卯日卜得**既濟卦**，六位無財，只有本宮戊午火為財，又伏在亥水之下，飛能剋伏，必無財也。

水火既濟（水）

辰月卯日占

應 ⚋ 子 兄弟

⚊ 戌 官鬼

⚋ 申 父母

世 ⚊ 亥 兄弟 ——剋→ 伏 午 妻財

⚋ 丑 官鬼

⚊ 卯 子孫

飛來剋伏事難行

論助鬼傷身

卜易以官鬼為忌，官鬼持世、剋世最凶；官鬼無氣則憂較少；官鬼旺相憂最重；鬼雖弱但逢生助，最為不妙。

生助官鬼者，不過妻財，妻財不宜發動，動則衰鬼變成旺鬼；旺鬼遇之，其勢愈凶。

例如：申日占得**離卦**，鬼臨應爻剋世，已非佳兆，更兼妻財發動，生助鬼爻，其凶愈不可當，此乃助鬼傷身的道理。

- 凡卦鬼剋身世者，無財生助則凶而有限，若有兩財皆動，其禍不可勝言。

● 如出現助鬼傷身的情況，即使有子孫吉星發動，反而助紂為虐，這是子孫生財、財去生鬼的緣故。

離為火

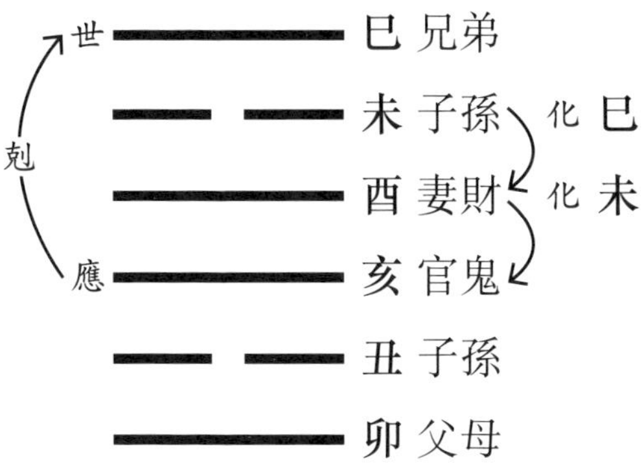

子孫生財，助紂為虐。

論合處逢沖

「合處逢沖」，這是卜易經常用到的口訣，出於《通玄妙論》。

例如：占得**雷地豫卦**，世應相生，六爻相合，吉無不利，乃事事可成之象也。卻在子日占得，子沖應上午，害世上未，此乃合處逢沖也。

凡占得卦合處逢沖：

- 占婚姻遇之，必然被人譭謗，當見將成而解。
- 占求官遇官鬼文書暗沖其中，尚有反覆變動。
- 占求財遇之，財將入手而不得。謀事遇之，必因人阻滯，將成而有變。
- 唯有占訟與病，喜遇合處逢沖，因為逢合則事必成，逢沖災必散，事事將危而有救，病欲死而復生。吉神合處不可沖，凶神合處喜逢沖。但要記住，合處逢沖的重點是日辰沖爻，而不是爻神沖爻神。

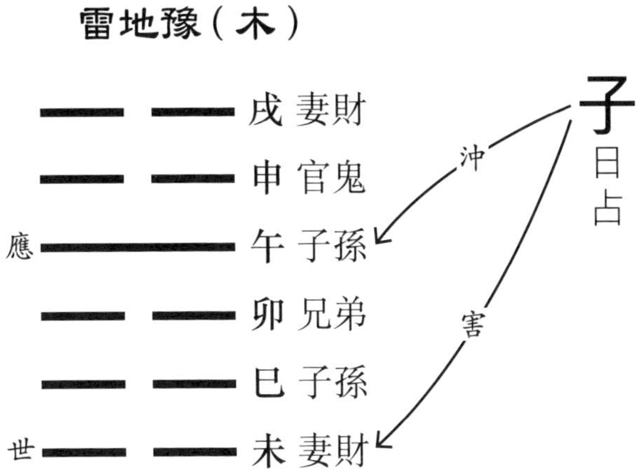

用神合處逢沖處處凶

論日辰生旺墓絕

五行生旺墓絕表：

	長生	祿	旺	墓	絕
申酉 金	巳	申	酉	丑	寅
寅卯 木	亥	寅	卯	未	申
亥子 水	申	亥	子	辰	巳
巳午 火	寅	巳	午	戌	亥

- 凡寅申巳亥日占卦，必須看卦中是否有爻神臨於長生、祿地或絕地；長生、祿地可以加強爻神的力量，絕地則會減弱爻神的力量。
- 凡辰戌丑未日占卦，必須看卦中是否有爻神入於墓地，收藏爻神的力量。
- 凡子午卯酉日占卦，必須看卦中是否有爻神臨於旺地，加強爻神的力量。

例如：寅日占卦

- 卦中若有申酉爻出現，便說申酉金爻絕於寅日，以致力量減少。
- 卦中若有巳午爻出現，便說巳午火爻長生於寅日，以致火氣加強。

又例如：未日占卦，卦中有寅卯爻出現，便說寅卯木爻入墓於未日，有收藏和遮蔽的意思。

用神、忌神生旺墓絕：

- 凡用神喜臨長生、祿地、旺地；忌神怕臨長生、祿地、旺地。
- 用神怕臨墓、絕之地；忌神喜臨墓、絕之地。

論隨官入墓

入墓是指入日辰之墓，必須要在辰、丑、戌、未日占卦，才會出現。

五行	墓庫
申酉	丑
亥子	辰
寅卯	未
巳午	戌

隨官入墓有兩種情況：

- 以世爻為主。
- 以生年為主。

以上兩種入墓情況，不論占問何事，皆非吉兆：

- 占自身遇之，須防目下有災，終身不能顯達。
- 占婚姻遇世隨鬼入墓，男家貧乏，女財不備。
- 占生產遇命隨鬼入墓，須防妻命有危險或手術事。
- 求官遇之，事體難成，雖成終不能振興。
- 占訟遇之，有牢獄禁繫之憂，或訟散身危，或訟中有病。
- 求財遇之，勤勞備歷，終歸他人。
- 出行遇之，多是去不成，若去愈為不美，必主去後有病。
- 家宅遇之，宅長有憂。
- 占病逢之，十占九危。

例如：未日占得山天大畜，世在二爻屬木，乃世爻隨鬼入墓也。

又例如：未日占卦，寅年生人占得**地雷復**，寅本身就是官鬼。

卯命生人占得火澤睽，本命在鬼爻，此乃命隨鬼入墓也。

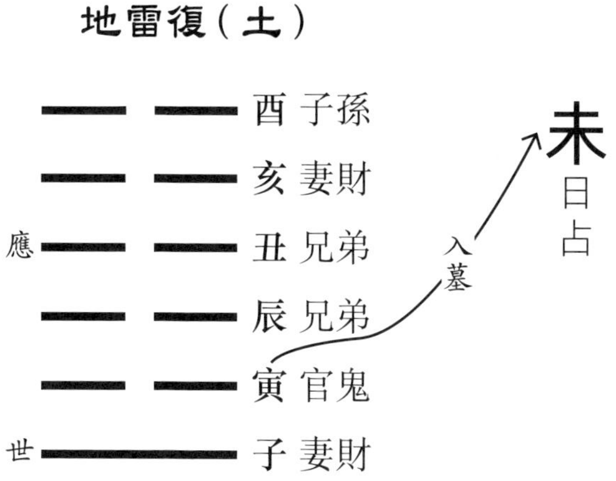

肖虎生人隨官入墓

論絕處逢生

「絕處逢生」，是卜易中經常用到的一種訣法。

例如：

申日占卦，遇用爻屬木，木見申則絕，木爻絕於日辰而無用；若得水爻發動來相生，木爻仍復有用。譬人當困窮之際，得遇貴人扶持，必有寒谷回春之象，此乃絕處逢生也。

澤地萃（金）化 **比**

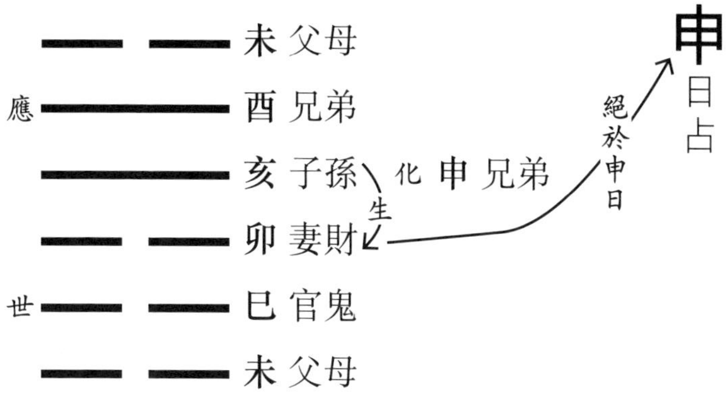

絕處逢生，寒谷回春。

爻神絕處逢生：

- 占婚姻遇世應絕處逢生，事將解而後成，意久淡而後濃。或可斷其貧之無力，得人扶策，其事亦可成。
- 占產遇子孫絕處逢生，子將死而復生。
- 妻財絕處逢生，妻將危而有救；占財幾失而仍得，先難後獲，其利反厚，非比旺相之財有限，資生之財無窮。
- 占官遇父母絕處逢生，文書雖有阻節，終有貴人主張，其事必成。
- 占訟遇官鬼絕處逢生，訟必有理；若見財動相生，須用資財囑託。
- 出行遇世爻絕處逢生，本意已懶，被人糾合。
- 行人若應爻絕處逢生，必遇故人同回。
- 家宅遇吉神絕處逢生，復有興隆之象。

- 遇凶神絕處逢生，災欲退而禍復來，病治瘥而官事至。
- 占病用爻與吉神絕處逢生，病將死而復活。
- 鬼爻與忌神絕處逢生，病欲安而復作。

論驗卦

驗卦的作用，就是檢驗所卜的卦，是否有用的卦？是否廢卦？

其中一種檢驗方法是，看卜卦者（自己或來卜之人）與卜出來的卦所反映的形相、個性或實際情況是否相符。

兩方面相符，卦就會應驗；兩方面若不相符，卦就不應驗了，原因可能是卜卦太多，又可能是心念太雜，在這種情況之下，就要暫時停止占卜，待動機忽然再起時再卜。

《火珠林》一書在驗卦上有很詳細的資料，現錄如下，並加以補充一些現代資訊。

外卦為形，內卦為性；

若占其人，以用而定。

以外卦為形貌、內卦為性情。

「乾」在外，頭大面圓，逢剋則破相；在內，心寬量大。為父親。

「兑」在外，則和悦多言；在內，則心小膽大。為少女，為哨牙。

「離」在外，文彩；在內，聰明。近視、散光、老花，為有雀斑。

「震」在外，身長有鬚；在內，心暴不定，長腳。為長男。

「巽」在外，身長有鬚；在內，心毒而忍，安身不穩。為長女。

「坎」在外，形黑活動；在內，心險多智。為黑斑，為中男，為孕婦。

「艮」在外，頭上尖下大；在內，心志固執。為肥厚，為少男。

「坤」在外，厚重；在內，主靜。逢凶，則魯鈍。為黑膚，為人母。

再以五行隨卦之金木水火土通論：

● 乾兑「金」，為人潔白貞廉，骨細肉膩，聲音響亮；為性不受激觸，處事多能，好學，好酒，好歌唱。如帶煞重，乃武夫或多武藝。

● 震巽「木」，主人物修長，聲音暢快，鬚髮美，眉目秀，坐立身多攲側，為事窒塞，無通變之謀。如死絕，則人物瘦小，髮黃眉結，柔語細聲，不能自立人也。

● 坎「水」，為人背小團面，色或焦，行動搖擺；為性大寬小急，處事無定見，喜淫好酒，少誠實。若帶吉神貴福者，乃志量廣大，包含宇宙之才也。

● 離「火」人，面貌上尖下闊、印堂窄、鼻露竅，精神閃爍，語言急速，性躁，聲焦，其色赤或青不定，坐須搖膝，立不移時，臨事敏速。旺乃聰明文章之士。

● 艮坤「土」人，頭圓、面方、背方、腹闊，為性持重，處事沉詳，語言簡默，動止不輕。如遇墓絕，乃塊然一物，無智無謀無能之愚人也。

另一種驗卦方法是，以六獸檢驗問卜者的性情和近況，可參看〈六獸篇〉（見第163頁）。

請看下頁例子。

例：風雷益卦

風雷益（木）

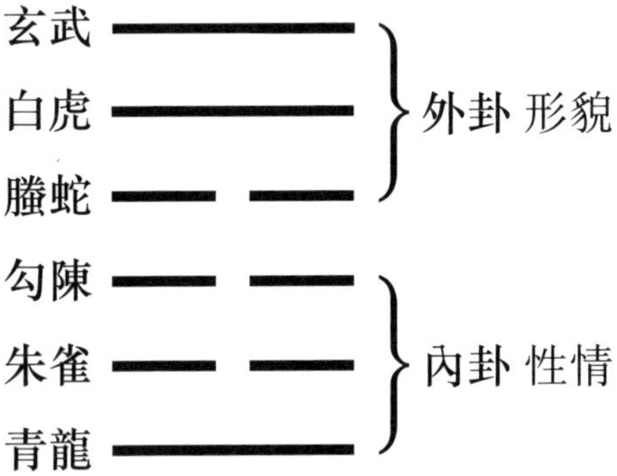

卦驗來人法

- 外卦是巽為風，判來人形貌：是長女，是多動，是高額；是男則身長、有鬚。
- 內卦是震為雷，判來人心性：聲音暢快，心暴不定。
- 看六獸，則勾陳持世，遇阻滯、流連的事情。

易卜九：古籍篇

野鶴老人占卜全書

眾多占卜書籍之中，要說到分析最清楚、最淺白的，筆者認為是《野鶴老人占卜全書》，此書成於康熙二十九年。

但是，野鶴老人是何時人則無法考究，此書是由時人李我平得之而授予同鄉李文輝出版。

李文輝又名李覺子，他在書中序言說明了此書來由與特別之處：

「予幼年曾究心卜筮，然有驗有不驗者，偶遇同鄉李我平，授以野鶴老人占驗抄本，予靜中參悟，豁然有會于心……

初學者不用投師，即知占卜，知易者愈得精，精易者愈得其奧，半載工夫，可得野鶴四十餘年之積學。」

此書例子多、分析精闢易明，省去過往常用的身爻、星煞和本命的判斷，專注重用世爻為主。

野鶴曰：「占事者，全在節節去問，卦無不靈，若未卜目下，先問終身久遠之事，殊不知神報近事者多，世人不識此理，胸中如許未決之事，先問終身，而神止報眼下之疑，斷卦者亦不知此神意，竟以終身決之，豈非天壤耶？」

問卦的方法，是以身邊即時發生的事為先，不可心懷很多事，否則占亦不應，而卦中顯現其他事情，所以不應驗，就是這個原因。

原書有一例子極好。

午月辛丑日，辰巳空亡

風雷益（木） 化 **無妄**

應 ▅▅▅▅▅ 卯 兄弟

▅▅▅▅▅ 巳 子孫

▅▅ ▅▅ 未 妻財 化 午 子孫

世 ▅▅ ▅▅ 辰 妻財

▅▅ ▅▅ 寅 兄弟

▅▅▅▅▅ 子 父母

占此應彼要留心

「午月辛丑日，有商人因母抱恙，而故問流年，得益之無妄。貿易者流年之占，以財爻為重，此卦旺財持世，未土之財又動，當許發財。

若以問母病斷者，最忌財爻發動，財動則剋母，其母死於甲辰日，辰土出空之日也。」

所以卜者一定要問清楚來卜人心裏真正要問的事情。以前在中環有失明卜者名黃金臺，深明此理，凡客人來問流年，都會先問來人：「有沒有特別事情要問？」就是恐防有以上例子的情況發生。

不論卜者或求卜者，都應該要明白這個道理。而《野鶴老人占卜全書》亦是習卜易者必須研讀的書籍。

易林補遺

《易林補遺》成書於明末，作者是明朝禮部冠帶術士，可能是有公職之人。

「前聖秉先機之奧旨，開示迷途後學，補未盡之遺言。」此書參考了以前所有的易卜著作，集其大成，將認為有遺漏的地方，一一指出，所以名為《補遺》，就是有這個意思。

書中將人生所有可能發生的問題，一一詳細分列，例如：

- 天時晴雨
- 身命造化
- 女卜男婚
- 女家擇婿

- 六甲生產
- 求師訓迪
- 上書啓奏
- 入宅六事
- 修方動土
- 防非避訟
- 疾病吉凶

這些只是其中一小部分。

各項標題都講出重點判斷方法，使後學者能夠按書詳卦，而且所講內文，雖然是七言詩歌體，或者是四言在前、七言在後，極為文雅，但容易記憶，再加上作者附以淺明的白話注解，使不習慣閱讀詩歌體裁的讀者，也能一目了然。

例如：防非避訟章中：「時常問卜慮官司，卻要官居空絕時，子動龍搖無橫事，鬼與雀噪定成詞。」

後附白話文注解：「占詞訟有無，須推官鬼，鬼若空亡或絕地、或不上卦，便無官非……」何等清楚明白。可惜的是，書中例子並不太多。

作者又指出占卜的重點在於月令，知道月令是非常重要的，能夠把握住，斷卦時就不會猶豫不決。「卦內月破之爻，永不能生扶他象，又不剋制他人，不能沖合他人，又不受他爻生剋用。」

並不像其他卜書所言：「本月雖破，出月則不破……」以致後學者產生很多誤解，占得凶卦本來事情無望，但以為過了這個月便會轉好，使人無所適從。

例如：女占婚姻得**天地否卦**

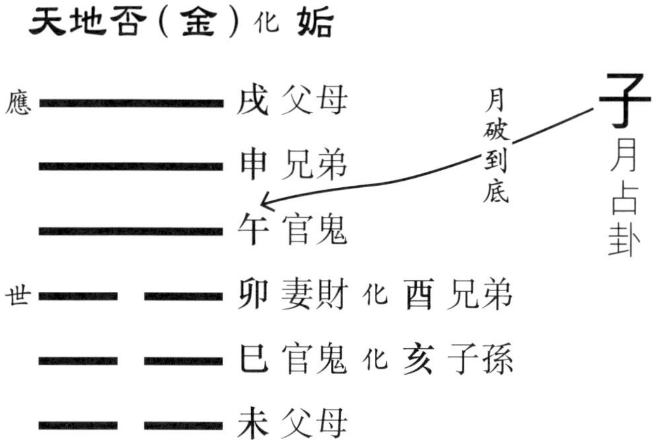

月破之爻，到底無用。

● 女占婚姻得天地否卦，六合卦本來是有利於姻緣和合事，但是午火官星月破；巳火官星反吟，回頭沖剋，是故此婚永不能成功。

● 如果按下月則不破的道理，則本月不成，下月便好。哪有這種道理？

要知道占卜出來的卦象，好比時辰八字，所問的事已經決定了成敗。

易隱

在一眾成書於清光緒年間的古籍之中，《易隱》成書時間較遲，在風格與內容上，都有很多前人沒有提過的地方。筆者感覺得到，此書作者很希望將卜易的占算範圍加以擴闊，所以提出了許多嶄新的推算方式。

原序云：「吾友曹橫琴氏，得其家君游南子之傳，概群迷之不旦，悼筮法之中衰，於是上究連藏，下逮京焦，傍通壬甲，廣採占歌，作為易隱，凡十萬餘言……」

如果學者想找一些另類特別的卜卦判斷方法，在此書就一定可以找得到。

比如判斷六親生肖，本書就有提出見解：

「故父母之屬，多與其爻之干支同類。如父得甲寅爻，母得乙卯爻，若不犯刑破空剋，則父必屬虎，母必屬兔。若犯四直刑破空剋，然後以三合六合推其所屬。如父母爻得甲寅，則甲與己合，己年生。三合在午戌當屬犬馬。

如雷火豐卦，本宮內卦戊午妻財為匿刑，伏三爻己亥兄弟下，若帶凶殺來剋庚申世爻，其妻必屬馬。又如地山謙卦，癸亥爻持世，本宮內卦丁卯財，伏二爻丙午宮下來生合世，若帶貴馬德祿，其妻必屬兔。」

喜愛研究六親生肖的朋友，可以參考。

在六親的研究方面，此書亦有特別的看法，例如：

「六親取用式

內親以內卦本宮出現者為真，如內卦不現，則看內卦之伏神。如不現，又無伏者，則取飛宮論之。外親以外卦本宮出現者為真，如外卦不現，則看外卦之伏神，更若無伏神，亦取飛宮論之。

內卦本宮六親

陽宮祖也，陰宮祖妣也。陽父，父也。陰父，母也。陽兄，兄也。陰兄，弟與姐妹也。陽子，男也。陰子，女與媳也。陽財，妻也。陰財，妾也。

外卦本宮六親

陽宮，外祖也。陰宮，外祖母也。陽父，岳父，母舅，姑夫也。陰父，岳母，舅母，姑娘，母姨也。陽兄，表兄弟也。陰兄，表姐妹也。陽子，女婿，表侄，外甥也。陰子，表侄女，甥女也。陽財，表嫂也。陰財，表弟婦，或表兄弟之妾也。

六親取飛宮法

飛位以世為主而推之。生世為父，父剋為母。生父為祖，祖剋為祖妣。父比為伯叔，伯剋為姆，叔剋為嬸。世比為兄弟，兄剋為嫂，弟剋為弟婦。世剋為妻，妻剋為妾，妻生為女，剋女為婿，婿生為甥，女生為甥女。世生為子，長子之前爻為次子，次子之前爻為三子，子剋為媳，子生為孫，媳生為孫女，孫剋為孫媳，孫生為玄孫。以此推之，罔不周悉。入生鄉者吉，入忌鄉者凶。如父入財方，兄入鬼爻也。休空者必遠離，鬼殺者必帶疾。」

作者將卦內六親演繹得淋漓盡致，有與子平法看齊的概念，但是卜卦終究不同於子平，很難做到在一卦之內，算出人生的各方面事情。卜卦的最大用處是決定一件事的吉凶，藉以趨吉避凶；而不須要與子平爭長短，只要能發揮術數的優勝之處便好。

所以，過去的失明師傅都是精通子平及卜易，兩種術數交替運用，各取所長。

火珠林

《火珠林》是比較古老的占卜書，它是繼京房之後，作者麻衣道者將占卜方法重新整理，純用天干地支、我生我剋的六神關係為重點，定出用神，不須看《易經》卦辭，開了後世文王卦之先河。

書中的例子有用到納音，但是往後的分析，都是以納甲地支為重。

它的判斷方法與後來發展出來的方式也有一些分別，但總的來說，已經形成一套完整的占卜思想體系，很多後人沒有講到的最基礎的東西，都可以在本書裏面找得到。

例如：

● 「天下之事，散而言之，紛若物色；總而言之，不出財官二字。」

注：大部分人在一生中主要追求的東西，其一是名，其二是利，另外就是感情。財為妻星女人，官為男友丈夫，所以不論是學習占卦、學習八字或學習其他術數者，都必須要先了解財星與官星。

● 「占官必用父母，占財必用子孫。兄弟是破財之人，不為主、不為輔，何必看也？凡卜筮者，但用心於財官，則括天下之理，此法簡而最捷。」

注：官用父母就是八字的官印相生。
財用子孫就是八字的食神生財。
兄弟就是八字的比劫爭財。

另外就是一些類神及驗證的問題。現代人占卦，很多都問答案是好或不好，比如占求財，如果是好卦，可以發財，那麼：

- 究竟在哪個方向得財？
- 究竟什麼姓名的人令你發財？
- 究竟發財的數目有多少？
- 假如有病，病在哪裏？
- 假如占婚姻，配偶是何樣貌？

對於以上種種，本書講得很多。

例如以五行看人疾病：

「夫卦之疾病，以用為主，以鬼為病。

金鬼，肺腑疾、喘嗽、氣急、虛怯、瘦瘠、或瘡疥、血光、或筋骨病。
木鬼，四肢不遂、肝膽主病、右瘓左癱、口眼歪斜。
水鬼，沉寒、痼冷、腰痛、腎氣淋瀝、遺精、白濁、吐瀉。
火鬼，頭痛發熱、心胸焦渴、加朱雀狂言譫語、陽症、傷寒、嗝逆。
土鬼，脾胃發脹；黃腫虛浮、瘟疫時氣。」

以五行看妻子形貌：

「論女人性形：
金財端正德貞潔，美貌團圓似明月，
心性聰明針指高，肌膚一片陽春雪。
木財妖態勝仙娃，能梳雲鬟似堆鴉，
身體修長眉眼秀，金蓮慢把翠台遮。

水性為人多變更，未有風來浪自生，
若加玄武咸池並，巧似楊妃體態輕。
火財為人心性急，未有事時言便出，
鬃髮焦黃骨肉枯，夫婦和諧難兩立。
土財不短亦不長，絕美人才面色黃，
若逢吉曜生佳子，性慢言慳福壽昌。」

在其他占卜書裏面都找不到的資料，用五行預測姓名，此書就最多。

以五行看姓字：

「『乾』為圓象、為點、為馬、為金、玉、言旁、為頭。
『坎』為雨頭、為點水、為水目、為小，弓旁為內實外虛屈曲之象。

『艮』為橫畫、為口、手，為門、人，為己、田，為山、水。易旁、上尖下大、上實下虛。

『震』為木象、為二七、為竹、木、為立畫。偏拔、上大下尖、下虛上實。

『巽』為甘頭、為撻服、為長舉、為絞絲、上長下短、為下點。

『離』為日旁，外實內虛、為中、為戈、為日、為心、為火。

『坤』為橫畫、為土、為方、為木旁。

『兑』為金、為日、為鈎、為八字、為巫、為微細。

天干類：

甲為木、為田、為日、為方圓、為有腳、為果頭。

乙為草頭、為反文、為弓、為曲。

丙為火、為撇、為捺、上尖下大。
丁為一、為鈎、為未出頭字。
戊為土、為戈、為中開之類。
己為挑土、為半口、為巳頭、為曲。
庚為金、為庚。
辛為金旁、為辛。
壬為水、為曲、為壬字。
癸為水、為水旁、為雙頭。

地支類：
子為水旁、子旁、為鼠。
丑為土、為丑、為橫畫、為牛。

寅為木、為山、為宗、為寅字、為虎。
卯為木、為安頭、為卯字、為兔。
辰為土、為艮字、為長意、為龍。
巳為火旁、為巳字、為屈曲、為蛇。
午為火、為日、為乾字、為不字、為矢字頭、為馬。
未為土、為來字、為多畫、為木旁、為羊。
申為金、為車旁、為猴。
酉為金、為而旁、為目旁、為堅洞旁、為雞。
戌為土、為戌字、為成字、為犬。
亥為水、為絞絲、為豬。

五行類：
水為點水、為曲、為一六數。
火為火旁、為上尖下闊、為二七數。
木為木旁、為步頭、為竹頭、為人、十字象、為三八數。
金為金旁、為合字、為橫畫，為四九數。
土為土旁、為橫畫，為五十數。」

書中有一個很好的卦例，當中夾雜了《易經》文辭的判斷方法，學文王卦者可不用理會，只着眼於書中判斷五行的方法就可以。

例：**乾卦**化**離卦**

時	日	月	年
丁未	丁酉	辛巳	乙丑

乾（金）化離

青龍	世	———	戌 父母	———	
玄武		—○—	申 兄弟	— —	未 父母
白虎		———	午 官鬼	———	
螣蛇	應	———	辰 父母	———	
勾陳		—○—	寅 妻財	— —	丑 父母
朱雀		———	子 子孫	———	

火珠林卦例

(1) 占來情

以心易敷于有易封，我觸以干祿之機甚吉，反施乾之九五「飛龍在天，利見大人」，而下兆有「見龍在田」，統思卦象，乾健化離，「出涕沱若，戚磋若，吉」、「黃離，元吉」，復以六親法，卦中多者取來情，惟此印綬爻多，即知來者占求官也。

注：重點在最後，「卦中多者取來情」，這是諸書所沒有的概念。

(2) 占家宅

卦中兩重父母，及年與時兩重，初夏占，其土絕，當知其屋舊象，可存四重或二重房。其三爻甲辰之屋在內，卻乃日旬空，兼以「君子終日乾乾，夕惕若，厲無咎」，離之九三「日昃之離」，此一重非言壞則火焚。其上九壬戌之屋，高值青龍修舊之星，可住，奈九二甲寅財動青龍，修中有剋，乾之上九「亢龍有悔」離之上九「有嘉折首」，兼以鬼庫在戌，歲君丑刑戌，此屋必因女人或財事破毀。只有年時及化離丑未四屋零屋沖散復成之象，此卦化出己未及占時丁未生扶，易辭又吉，後能復成無妨。

注：父母為房屋，一空亡、一被太歲刑，均不好，化出兩父母可用，分析明確。

(3) 占夫妻

寅木發動，及申金兄弟爻動，初夏木病金生，主剋木，數三當減，則二個吉。

注：可以用五行計出多少次姻緣和女朋友的思維方法。

(4)

占子

初又甲子水，初夏水絕，主一個吉。

注：計算出子女數目。

(5)

占婚姻

兄動剋妻，財動傷翁，不吉。

注：兄動剋妻，占婚姻確是。

(6)

占大小限

五歲行一爻，初從世爻起，陽順陰逆，此卦世在上九，五歲至世，青龍持世，為喜中小滯。六歲至十歲行初九，逢福德，吉。十一至十五行九二，甲寅動剋世，命在須臾。

注：當八字發展成熟，已經比較少人用占卦來計算一生運氣。

(7) 占求官

易辭本吉，但甲寅財動傷文書，壬申兄動有阻，直待午火官，辰土印綬年可求。

注：求官名，用官生世最吉。

(8) 占求財

九二財動，求之必有；九五比肩爻動，阻而未得。

注：兄弟交重剋了財，理之常。

(9) 占疾病

壬午火鬼，正值九四爻，火鬼主熱，若占父母，九二木財發動必傷。幸九五金動制之；其病可痊，但牽連未脫。

注：財動傷父母，占父母病差，但說明制化的方法。

(10) 占行人歸期

本應甲寅日到，因兄動有阻，過旬方來。

注：兄動主阻礙，必遲。

以上所有例子，更可以用五行的類化方式，找到相應的方向、姓名、身體部位、數目等等，來切合現代社會的需要。

易卜十：卦例篇

開業故事

一九八八年的冬天，一位二十多歲、研究術數多年的年輕人，在工餘之時，已經常常將術數應用於朋友之間，覺得是時候要有一個屬於自己的工作室，一方面應付以後將會一直增加的客人，另一方面又可以有一個供自己靜心研究學問的地方。

幾經挑選，他終於找到一間不論在租金、地點和風水等方面都比較理想的辦公室。

由於年輕人是初次創業，並不是富二代憑父蔭，所以什麼事情都要以量入為出的謹慎態度處理，務求能夠發揚所學，安身立命。

於是，年輕人戰戰兢兢地找到他當時暗中學習的對象卦命師傅馮炳光，問一問創業之事。

確定問題

「師傅好，我找到一間辦公室，計劃開展自己的事業，現在想問：這地方是否合適？」年輕人道出來由。

「你是想問：這地方好不好？對嗎？」卦命師傅重複確認年輕人所提的問題。

為什麼要清晰確認呢？

- 要清楚知道來人的真正問題是什麼。

- 因為這事可以從不同觀點去看，故須確定來人的心態，例如：
- 原來重點是想創業，其實是想知道：創業好不好？
- 原來未知從事哪種行業，其實是想問：是否適合這行業？
- 原來是計劃合伙經營，其實要問：是否適合合伙？
- 原來是與父母一起創業，或繼承父業，其實是問：繼承祖業如何？

以上問題重點各異，所取用神都有分別。

不過，年輕人就是想知道這地方是否適合自己作辦公室之用，非常清楚自己的問題重心。

得卦：**風天小畜**

風天小畜（木）

	⚊	卯	兄弟
	⚊	巳	子孫
應	⚋	未	妻財
	⚊	辰	妻財
	⚊	寅	兄弟
世	⚊	子	父母

戊辰年癸亥月戊子日

父母持世，物業有緣。

解卦：

「生意做得開啊！」師傅非常肯定地回答。

「辦公室在愈低層愈好。」

「卦爻屬水，今日日辰也是屬水，你預備開業吧！」

師傅盡量用簡單的説話去分析易卦。其實，他知道這位年輕人經常會到來吸取經驗。

- 看物業、房屋、辦公室的優劣，都以父母爻為用。此卦父母子水持世，初冬水旺，加上日辰又屬水，便是父母物業有氣，必然是好地方，合用。

一、爻位高低

- 父母在初爻，就是在最低下，正好這單位在大廈的二樓，算是低層了。
- 相反，如果父母爻在上爻，就是愈高愈發達。

二、動靜玄機

- 本卦六爻安靜，利於長久發展。《易林補遺》：「凡欲長久，用宜安靜；如求脱卸，主利交重。」
- 因為如果父母爻發動，即使是旺相，也會很快搬遷，例如很多店鋪生意很火，業主便大幅加租，所以租客很快會搬走。
- 這就是動靜爻的秘密，非常重要。

三、擇日玄機

「最重要是擇一個好日子開業。」師傅的意思，當然是希望年輕人光顧他的擇吉日服務。

大家知道，有道行的術數家都很注重自己的名聲，財要取之有道，並不會隨便向人招攬生意，而是有條件支持的。

在此例，因為卜得好卦在先，就知道年輕人必然可以成功，擇吉日是外緣幫助，術數師傅既可以賺收入、揚名聲，也可以幫助人，一舉三得。

相反，如果卜得失敗的結果，師傅就絕對不會請來人光顧擇日子服務，因為失敗已成定局，即使開業日子再好，也無法改變事實，所以師傅不會因為蠅頭小利而破壞自己的名聲。

後來，年輕人在當年的子月，就是水旺的月份正式開業，並在這地方一直經營了超過三十年。

最神妙的是，這地方是租回來經營的；理論上，在當時經濟發展中的香港，一個地方可以長租三十年，是非常有難度的，因為存在租金上漲的壓力。

原來，年輕人開業數年後，業主因為要移民，就將這個單位以合理價錢賣了給年輕人，成為他永久安身立命的地方。

這就是，父母用神旺相安靜持世所反映的結果。

也就是，筆者自己的真實故事。

如果再深入一些看看此卦，有很多特點要知：

- 六爻無鬼，不是官場中人。

- 財爻旺相，長久有利；但財不可發動，動則剋父母用神。
- 世落乾卦，初為人父。

卦爻中蘊藏無限資訊，看你如何發掘而已。

官司故事

人無遠慮，必有近憂。人生要憂心的東西非常多，而這裏說的是比較嚴重的事情，例如：恐防投資失敗、害怕官司坐牢、憂慮生意失敗、擔心人身安全、擔心感染時疾……這些問題叫「憂疑損害」，是經常都會有人問到的。

在這個範圍裏的問題，卜卦就能夠很清楚地得到確切答案，絕不含糊。

以下就是一個例子：

中年人正在打官司，擔心結果，在戌年亥月丙寅日卜卦。

得卦：**水澤節**，二爻動，化**水雷屯**。（見下頁圖）

水澤節（水）化 屯

戌年亥月丙寅日

青龍	▅▅ ▅▅	子 兄弟
玄武	▅▅▅▅▅	戌 官鬼
白虎 應	▅▅ ▅▅	申 父母
螣蛇	▅▅ ▅▅	丑 官鬼
勾陳	▅▅▅▅▅	卯 子孫 ～ 寅 子孫
朱雀 世	▅▅▅▅▅	巳 妻財

六合官司糾纏

解卦：

一、官司怕六合

● 六合卦，官司不解，也可能是自己人官司或內部合伙人官司。

我一眼看到是六合卦，便說：「是的，公司合伙人出了問題，糾纏了很長時間。」

「已經花費了很多金錢，對嗎？」財爻持世，但是月破臨財。要知道，月破是很難挽回的。

「還會繼續破財用錢的。」我再說，朱雀持世，官司仍會繼續。

「請問，會否有牢獄之災？」相信來人最擔心此事。

二、子孫制官鬼

「沒有的。」這是因為二爻卯木子孫發動，子孫制官鬼，官鬼就是憂心、就是牢獄、就是來人擔心的事情。

「只是會拖一段時間，經過很多文件來往之後，才能解決。」子孫帶勾陳，勾陳是拖泥帶水。

- 「一爻獨發，此象非輕」，即使是休囚發動，也會變得有力量，可以剋制旺相的靜爻；更何況，寅日占卦也是子孫。
- 「日辰制鬼，雖陪病體臥無妨」，日辰的力量至高無上，來剋制官鬼，求之不得。

「對方也開始有點財力不足了。」我一句說話使來人精神一振。

為什麼這樣判斷呢？

三、轉盤看對方

- 以應爻申金為對方，父母持世，可惜日沖、月害，休囚無力被沖，謂之沖散，後繼無力。
- 用轉盤看，就知道對方現在是：員工無力、財源不足。
- 申金以亥為子孫，亥來害申，是員工不得力。
- 申金以寅木為財，寅來沖申，是財源乾涸。
- 白虎臨身，只是好勝而打官司。

水澤節（水）

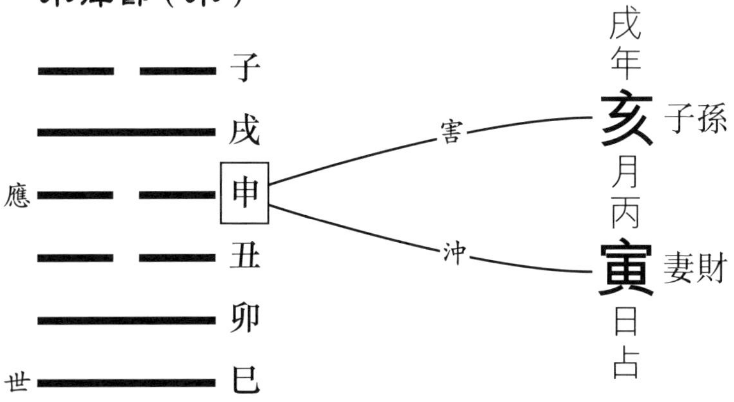

轉盤看對方情況

四、合處再逢沖

● 六合卦應驗這官司糾纏，但是月沖世、日沖應，就叫「合處逢沖」，主先合而後散，官司終究可以了結。

「就在明年吧！應該可以了結，最好是互相忍讓，以和為貴，可以盡量減少損失。」

● 占卦時是戌年，下一年就是亥年，亥水生助卯木子孫，加強制鬼之力，相信可以結束官司。

「多往東方、東北方，找有木姓的專業人士、都對事情有幫助。」我以卯木的類神來說的。

五、兩敗俱傷

- 世爻財星月破、應爻休囚被害被刑，可謂勝亦破財、敗亦破財，當時只是為爭一口氣，以致勞民傷財，影響深遠。

《易林補遺》中，有講到憂疑損害的看法：

防非避訟章

（以官鬼為主，朱雀為憑。）

時常問卜慮官司，

卻要官居空絕時，

子動龍搖無橫事，

鬼興雀噪定成詞。

凡占詞訟有無，須推官鬼，鬼若空亡、或臨絕地、或不上卦，便無官非。縱有官爻，若得子孫發動，或持世上，永不成詞。鬼帶青龍，亦無橫禍；鬼臨朱雀發動，訟必當興；鬼爻若化子孫，見凶得吉。

注：子孫、官鬼是占卦中的一對活寶貝，只要透徹認識他們的關係，對於憂疑損害、人身安全、官司、疾病等的看法，都會有心得。

感情故事（男）

一位三十多歲的男士，是多年前的舊客人，來占一卦問感情事，大意是：與女朋友相識多年，問：

- 感情發展下去如何？
- 結婚或分開？

戊戌年丁巳月庚戌日占，得卦：**風地觀**化**風水渙**。

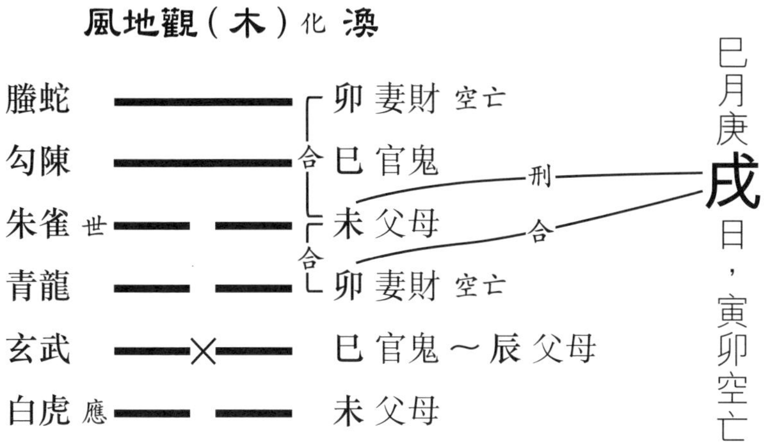
風地觀（木）化渙
螣蛇 卯 妻財 空亡
勾陳 巳 官鬼
朱雀 世 未 父母
青龍 卯 妻財 空亡
玄武 巳 官鬼～辰 父母
白虎 應 未 父母
合
合
刑
合
巳月庚戌日，寅卯空亡

妻財兩現主花心

解卦：

一、父母持世

- 未土父母持世，父母主事重疊，被日辰的戌土來刑，加上卯木妻星兩現，又是伏吟卦。

「你有兩個女朋友。現在不太開心。」我這樣開始對話。

「是的。」客人精神一振地回答。

「一個在身邊，一個在外地。」這世爻在外卦，與上爻的卯木同宮，為近；內卦應爻為外，應對方，所以三爻卯木妻財是在外，為遠。

二、卯落空亡

「你與遠方女朋友以前的感情很好，但現在已經變得冷淡。」我看卦說，因為卯木與世爻未土本來相合，是有情的，但現在卯落空亡矣。

「她現在很多時都工作忙，沒有時間約會，甚至連見面的機會也不多……」客人欲言又止，似有很多不為人知的心事。

「這情況很難改變。」要知道，空亡有真假，旺相空亡有用，可以等待時機；休囚空亡，只有永遠落空。現在卯木生在巳月無氣，又是戌日，是為「真正空亡」。

三、日辰合爻

「不過重點是，她另結了新歡。」我按戌日合卯木，妻星被合而斷。「而且雙方已經同居一起。」我怕說話傷了來人的心，但他的反應平淡，似乎已經知道事實。

「是的，我知道……」客人回答。

- 為什麼這樣判斷？因為戌土是父母爻，戌是金餘氣，內藏辛金，辛金是兄弟，也就是情敵；也就是一男子有物業，來合住他的女朋友。

四、官鬼旺動

- 最重要的是，二爻的巳火官鬼發動了。
- 巳火是月令最旺，官鬼是是非、煩惱、小人，而且「一爻獨發，此象非輕」，看來兩人分手是無可避免的事。

五、轉盤妙斷

- 這巳火一般判斷為代表是非，這是比較大路的看法，但是可以用轉盤法看出重點。
- 巳火是卯木的子孫，與二爻的卯木同在內卦，是有聯繫的，是女朋友的子孫，也就是遠方女朋友已經懷孕。
- 更何況，卯戌是合而化「火」，是卯木的子孫。

「相信她已經懷孕，所以無可奈何地必須跟你分手，與對方一起或結婚。」

我道出卦中真正要表達的秘密。

「唉！她就是用懷孕理由而提出分手。依卦看來，懷孕的事是真的已經發生了。」

風地觀（木）化 渙

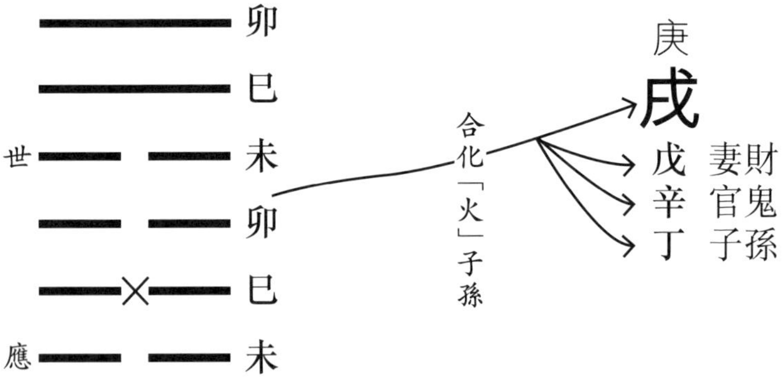

轉盤妙斷女朋友

六、藏干變化

● 一般而言，占卦不用看地支藏干，但我認為藏干也有它的重要性，代表很多細微的事情。

● 其實，只看戌日合卯，已經有這種情況了：

● 戌中不是有丁火嗎？

● 以轉盤看，這丁火不就是卯木的子孫嗎？

● 這辛金不就是卯木的官鬼嗎？官鬼就是男朋友。

● 這戌中的戊土不就是卯木的財星嗎？財星就是金錢。

● 說得明白點：這女子與一位有經濟能力的男人一起而懷了孕。

七、兩重六親

- 一般占卦以卦宮五行看六親，這方法已經足夠應用於大部分占卜問題；但當要更深入研究，就要知道六神本身的轉盤六親法；再配合內外卦、動爻、靜爻、位置，就會看到很多意想不到的東西。
- 讀者想作更深入探討和研究，可以參考《易隱》一書。

感情故事（女）

一位妙齡少女來卜感情卦，希望知道與男朋友的感情能否開花結果。乙亥年己丑月丙午日占卦，得卦：**地山謙**，初爻動，變**地火明夷**。（見下頁圖）

解卦：

- 亥水子孫爻持世，問男朋友以官鬼為用，子孫剋官鬼為忌神，所以是忌神持世，對男朋友有排斥性。
- 但是亥與午是剋中帶暗合，事情有點複雜。

「你們的感情出了點問題，就客觀環境而言，可能是一起工作，經常見面。」我這樣打開了話題。

地山謙（金）化明夷

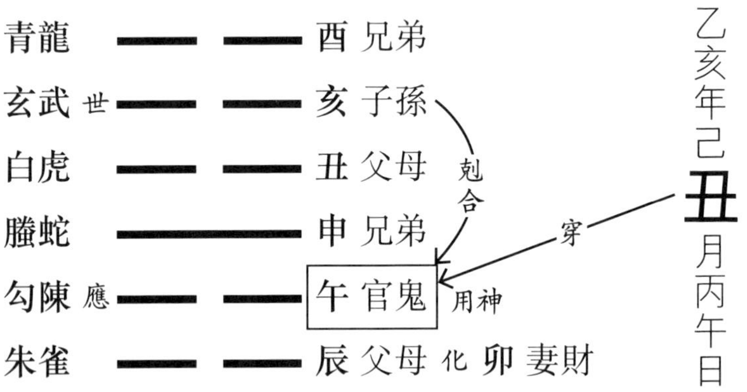

忌神持世多阻滯

一、八卦驗排行

「男朋友是排行最小的。」我繼續說下去。

「是的，他在家中排行最小，有兄有姊，是我在公司裏認識的同事。」她回應。

- 這是因為官鬼在下卦艮土，艮為少男之故。
- 這是一種檢驗卜卦來人是否誠心的方法。若不應卦，代表來人心念雜，或占此應彼，或多動爻，都會影響卦的準確度；若應卦，則卦必靈驗。

二、轉盤露玄機

「不過，他已經有新女朋友，另結新歡了。」我說。

● 午火官鬼值日辰有力本好，代表男朋友是有能力之人，但是丑月來穿午火，以轉盤看，丑中辛金是午火之妻財，就是女朋友了。穿，就是爭奪。

● 判卦有兩座大山頭，一是日辰，一是月令，非常重要，對任何爻都會產生影響力，吉凶重點由此判，可以令爻生變死、死變生。

● 一般卦書都只注重旺相生剋，很少用到穿害；但在算人事感情，刑穿害的關係非常重要。

● 更何況，卦中的午火是男朋友，卦中有申金、有酉金，火以金為妻財，就是有兩個女朋友了。

「這是否無法挽回呢？」她淚眼嗚咽地問。

地山謙 ～ 明夷

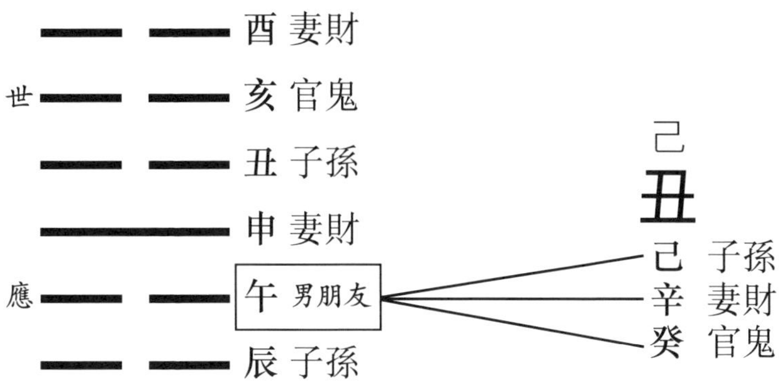
酉 妻財
世
亥 官鬼
丑 子孫
申 妻財
應
午 男朋友
辰 子孫
己
丑
己 子孫
辛 妻財
癸 官鬼

轉盤看夫緣

三、夫星有真假

「是的，因為他不是你卦中的真夫星，而是假夫星。」我按卦理直言。

- 何謂真夫星？按此卦是兌宮八卦，兌宮首卦的六爻是：未酉亥丑卯巳，當中的巳火官鬼才是真夫星，而午火則不是。凡占得兌宮八卦，要有巳火出現才是真夫星。

「更何況，今年的亥水太歲是傷夫之年，月令的影響更是久遠的，故此與他姻緣無望。」

「應該收拾心情，不要再在這段感情上存在幻想；放下之後，更容易找到新的感情。」

她無言地點點頭。

兌為澤

世	▅▅ ▅▅	未	父母
	▅▅▅▅▅	酉	兄弟
	▅▅▅▅▅	亥	子孫
應	▅▅ ▅▅	丑	父母
	▅▅▅▅▅	卯	妻財
	▅▅▅▅▅	巳	官鬼（真夫星）

兌宮首卦真六親

- 日辰丙午是卦中官鬼夫星，長遠而言，桃花運是經常出現的。
- 感情之事，當事人往往將得失看得太重，但當事情過去，回頭想想，方知道當時太過認真，其實只是人生中一些瑣碎點滴，沒有什麼大不了。

疾病故事

一九九三年的冬天，一位面帶愁容的中年人、匆匆忙忙地來到我的辦公室，為父親的疾病來占問一卦。

現代醫學發展迅速，只要將病人交託給專業人士，找對醫生，按道理，不會出現這種過分憂慮的情況。

雙生子玄機

原來，他的父親有一位孿生兄長，樣貌幾乎一模一樣，出生的時辰八字也一模一樣，剛在上月因病過世；剛巧他父親的身體又出現毛病，所以十分擔憂，故有此一問。

「聽親戚說，八字相同是同一命運，是嗎？」他問。

「當然不一樣，即使同八字、同性別、同樣貌，命運都不一樣，甚至可能有天淵之別。」我說。

「不單你不明所以，即使很多同業也不太理解。孿生的命，如果男女不同，可以按大運順逆來分，按女命以夫星為主、男命以財星為主來區分。至於同性別者，雖然所有因素都一樣，但查實計算起來，仍是有很大分別的。」我繼續解釋。

「這當中是有一些竅門的，待將來有機會再給你解釋。」因為牽涉到八字的範圍，所以我就此打住，先為他卜一卦，看看他父親的健康情況。

癸酉年甲子月戊寅日占，得卦：**山火賁**。（見下頁圖）

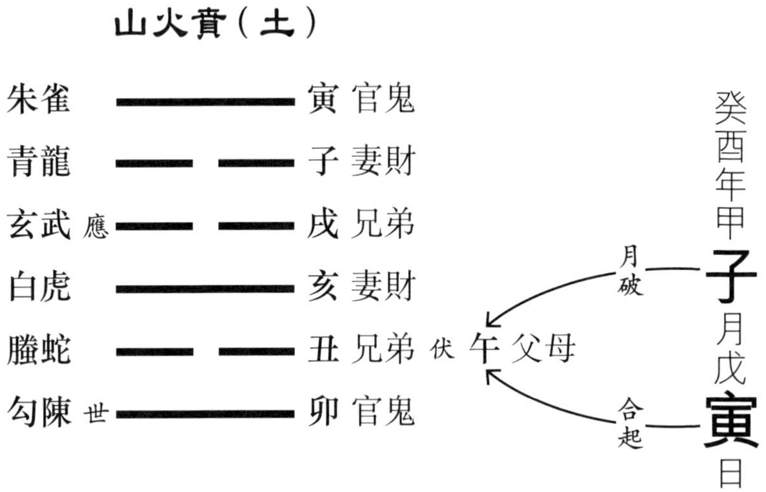
山火賁（土）
朱雀 寅 官鬼
青龍 子 妻財
玄武 應 戌 兄弟
白虎 亥 妻財
螣蛇 丑 兄弟 伏 午 父母
勾陳 世 卯 官鬼
癸酉年甲子月戊寅日
月破
合起

官鬼持世憂在心

解卦：

一、官鬼主擔憂

- 初爻卯木官鬼持世，這官鬼就是來人的憂心事。
- 勾陳同在世爻，主牽連、阻礙、拖泥帶水。
- 兼且是六合卦。

「是舊患，已經有一段長時間，總是好了又復發、復發又轉好的疾病。」我說。

「是哮喘毛病。他的孿生兄長，就是急性肺炎去世的。」客人說。

二、伏神與飛神

- 看卦先要找用神。問父病，以父母爻為用。
- 本卦六爻無父母，就要找伏神，由於山火賁是艮宮八卦，於是往艮宮的首卦艮為山找伏神，午火父母在二爻，丑土為飛神，午火是伏神。
- 午火去生丑土洩氣，而且丑午相穿，並不理想。

「不止是哮喘，應該還有排洩系統腸胃的毛病，可能會有手術。」我按丑午相穿來判斷。

三、轉盤看病症

「啊！是的，有小腸氣的毛病，醫生說往後可能要施手術，還有痔瘡。」他感到有點驚奇。

這就要用轉盤方法去查看父親的情況：

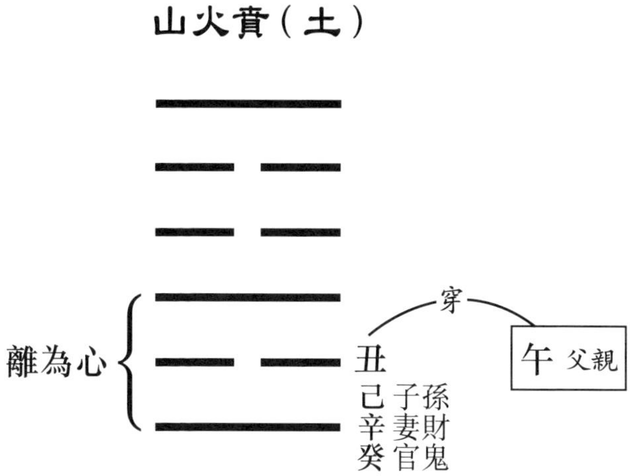

轉盤看父病

- 午火以丑為食傷子孫，是洩午火之物，也是穿我午火，所以是腸胃、排洩系統。
- 丑中有辛金是氣管、肺；辛也來穿午火，於是有哮喘。
- 丑中有癸水，是官鬼、是壓力；癸也來穿午火，於是感到不安。

「但是沒有急切性的危險，現在的毛病是心理因素造成的，只要放開心理枷鎖，過一些時間就會好，平安大吉。」我說出實況。

- 卦中的官鬼爻在離卦，離主心，不就是心理病嗎？

四、日生用神不死

- 用神午火被丑土飛神相穿，而且子月占卦，午火是月破，基本上是弱極之爻，為什麼我還說是平安呢？

● 這是因為日辰的幫助，日辰戊寅是午火長生之地，而且寅午是三合，日辰合起，休囚變旺相；而且，無緣無故不會出現日辰相生的情況，它就是要告訴我，父親這時候是命不該絕。

● 更何況，占得六合卦，是相會、是見面、是拖延、是繼續的意思。

● 再何況，世爻官鬼，被太歲酉金來沖。

五、身上鬼宜沖剋

● 為什麼世爻被沖是好現象呢？因為世爻是官鬼、是憂疑、是擔心，被太歲沖去官鬼，就是解憂去病之意。

山火賁（土）

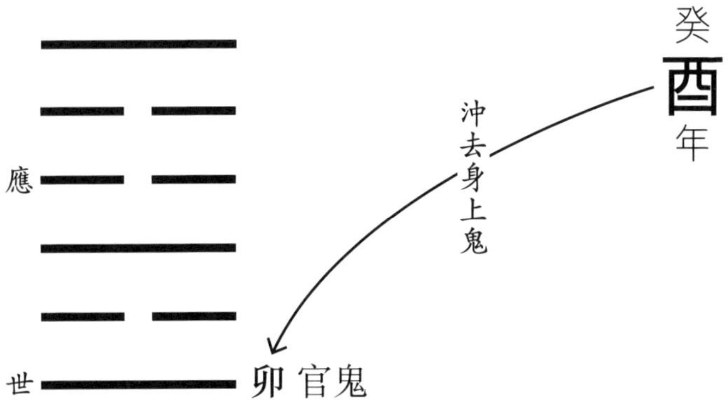

身上鬼不去不安

《黃金策》名言：「身上鬼不去不安」，就是此意。

● 凡問六親疾病，都可以用這個方法判斷。

● 後來，這位客人的父親於三年半後的丁丑年去世。因為午火始終是月破爻，「月破之爻，生之不起」，他父親的病終究還是不能徹底痊癒，若非日辰相生合起，早已經在占卦的時間過世了。

● 原卦中丑土穿午，是凶物深藏，直待丑年，凶神當旺，魂歸天國。

古代醫學及資訊不發達，占卦問病是重要課題，但現在資訊和醫學發展神速，所以有病應要先諮詢醫生，後才以卜卦分析，是為正途。

投資故事

每一個人都希望為自己的財富投資保值，所以買賣股票幾乎是所有香港人的日常活動。投資方法有很多種，有些是長線投資，有些是短線炒賣，有些是看圖表，有些是看業績，總之各適其適。

二〇〇七至二〇〇九這幾年間，相信很多有投資經驗的朋友都知道，那個時候發生了金融海嘯，全世界的經濟都非常波動，股票價格應聲下挫，雷曼債券使很多人在投資市場「損手爛腳」，損失了很多很多金錢，尤其是一些短線投資者。

香港人最愛的匯豐銀行也不例外，在二〇〇九年股價一直「插水」，於是推出以每十二股供五股方式，讓股東供股，供股價是二十八元，現貨價則是四十三元左右。

當時市場上對滙豐都失去信心，因為其股價由數年之前一百五十元左右的高位，一直下跌至四十多元；投資者擔心，供股價雖然便宜，但怕供股後股價會繼續下跌；若果不供股，又會被大股東攤薄股價，不知如何是好。

當時就有一位客人，來為這事情占一卦。

己丑年丁卯月庚午日占。

得卦：**水地比**，初二爻動，化**水澤節**（見下頁圖）

水地比（土）～ 節

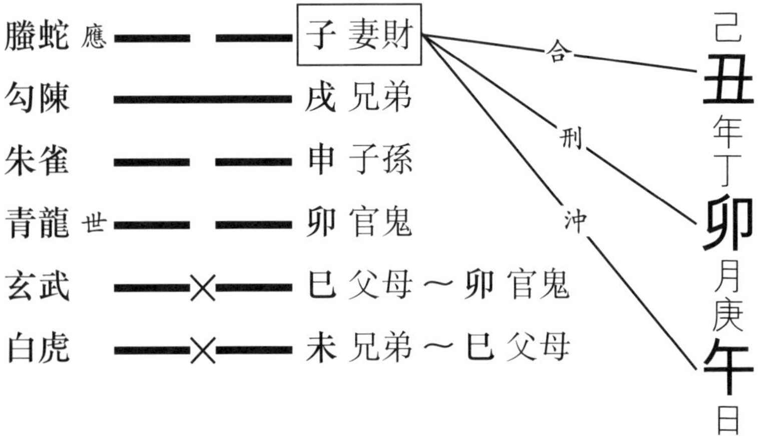

買貨財爻要弱，脫貨財爻要旺。

解卦：

「師傅，我應該是供或不供呢？」客人憂心地問。

● 從卦中的世爻持官鬼，就知道他心中的憂慮；青龍持世，面目清秀，專業人士。

「現在股價是相當低了，當然要供，相信以後很多年，都不會有這麼便宜的價位。」我就卦中的財爻為重點而言。

● 凡問買貨、買股票，都希望以便宜的價位入市，將來以高價出售，賺取利潤；或者長期持有，收取利息，所以財爻愈弱愈好，代表目前價錢是低。相反，如果財爻旺相，就代表目前的價錢是高，將來恐怕沒有上升的空間了。

- 若果賣貨就剛剛相反，占卦時財爻很旺，就代表當時的價格高，賣貨有利。
- 本卦以應爻子水為財，春天水弱，受日辰午火相沖，弱之極，所以說，價位已經非常低，不單可以供股，甚至可以另外買入。

「真的嗎？但是現在大部分人對此股票的看法都是悲觀的。」客人講出他心裏的想法。

「是的，但是財爻生世，又變出六合卦，變出之卦主以後你對這股票有感情，是以前一路投資下來的，所以無論如何，都會帶給你利益。」我按卦理分析，給他信心。

客人聽後，言聽計從，不單供股，還另外再買入了一些。

結果如何？

當然大家都知道，滙豐股價在同年很快便上升至差不多五十元的水平；之後數年，雖然股價都是上上落落，但是從來沒有跌破過供股的價位。

在二〇一六年至二〇一七年期間，滙豐甚至曾經試過上升至接近八十元，為什麼？這是丙申、丁酉，金生子水財星的緣故。

客人在接近八十元賣掉一部分股票，其餘二十八元買入的，收取每年九厘的利息回報。

投資股票，一定要認真學習金融相關的知識，不要以為單單算卦就可以發財，兩方面一定要互相配合。

此外，筆者不贊成每一隻股票都去占卜，更不贊成每天占卜股價的上落，這樣的話，就會跌進了「多占則不靈」、「再三瀆，瀆則不告」的占卜陷阱。

學業故事

小朋友的學業，是所有家長都非常關心的問題。

在香港，要能夠進入好的小學，方有機會進入好的中學；要能夠進入好的中學，才有機會在香港唸大學。香港的填鴨式教育太注重學生的成績，於是產生了很多怪獸家長、怪獸老師、怪獸學校，卻苦了被埋沒了才華的小朋友，成為讀書機器。

在戊寅年乙卯月辛酉日，一位女士為她兒子的學業占一卦。

得卦：**水地比**，二爻動，化**坎為水**。（見下頁圖）

水地比（土）化 坎為水

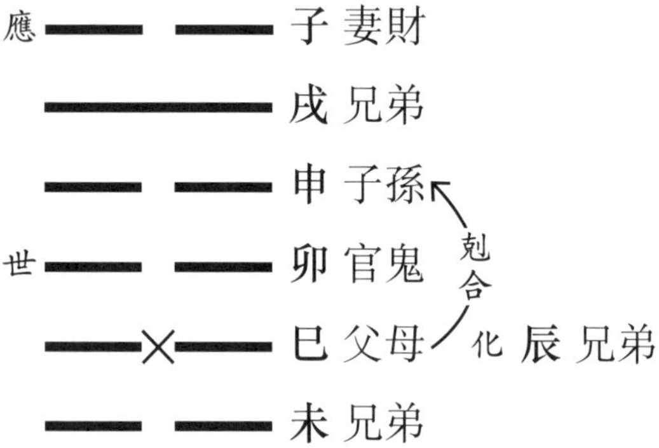

戊寅年 官鬼
乙卯月 官鬼
辛酉日 子孫

父母動則剋子孫

解卦：

一、卦算出是次子

「這是你的第二個兒子，他還有兄長的。」問子女學業，以子孫爻為用神，我看用神申金子孫爻在坎卦，坎是中男、是排行第二，所以我這樣說。

「是的，他是我的次子。」

- 這種驗卦方法，可以肯定卜得的卦可用，並非心不誠或心多而占。

二、父母當頭剋子孫

「他在目前的學校唸書，承受着很大的壓力。」我看到巳火父母爻發動，刑剋申金。

「正是這個情況，他在這學校第二年，學業成績不達標，同學之間損友多，經常被老師投訴。」這位女士說出具體情況。

三、太歲有兩重定義

「不單如此，我看他還會有一些感情問題，因而惹上是非。」我看到太歲寅年沖申金子孫，太歲是卦中的官鬼，官鬼就是是非。

至於為什麼說是感情問題呢？這就要用轉盤來看。

- 這太歲以水地比卦來看，則比卦屬土，寅木太歲就是官鬼。
- 以申金子孫為主，申金以寅木為妻財，則妻財來沖我，不就是感情煩惱嗎？

水地比（土）化 坎為水

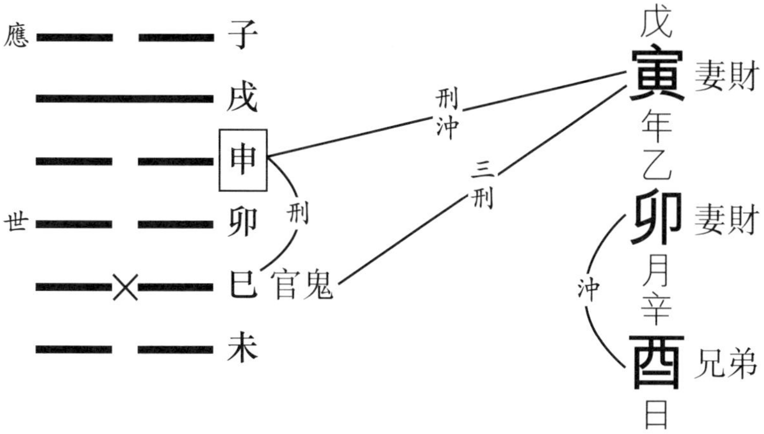

轉盤看子女學業

- 申金以巳火為官鬼，巳刑剋申，不就是官鬼刑剋，惹是招非嗎？
- 而且，月令卯木是申金之財，與日辰酉金相沖，酉金是申金兄弟，卯酉沖，不就是感情煩惱嗎？

「的而且確。小朋友的戀愛，像霧又像花，他心儀的一位女同學，聽說好像喜歡了另一位同學，大家因為這事起了爭執而報警。」她說。

四、三刑子孫惹是非

「師傅，請問他能否有改變呢？」她繼續問。

- 占學業，以父母為學校，父母旺則學校好，但不可動，動則剋制子孫，不利於子女學業。

- 看此卦，二爻巳火旺相於月令發動，剋制申金，兼且與太歲、子孫形成寅、巳、申三刑，必然惹上很多是是非非。
- 很多時，占卦之後，單單看年、月、日、時的六親相沖、相合關係，已經對問事的內容提供了很大啓示。

「他必須轉換新環境，否則沒有太大改變。」我肯定地說。

「是不是要轉校呢？他這樣的成績，恐怕很難轉到好的學校……」她道出心中的擔憂。

五、六沖主變動

「我的意思是，他要出國唸書。」

為什麼呢？

● 因為申為金子孫，今年是驛馬星動，以寅木為驛馬相沖，必然遠走他方。

● 更何況，變出坎為水，六沖卦，無有而不散，如何可以繼續在本土讀書呢？坎卦是水，是以必須遠涉重洋。

六、子孫臨日宜外出

● 日辰酉金是子孫，卦中出現的子孫是在近，在日、月出現的子孫是遠；子孫在近則被巳火刑，子孫在外則臨日辰有氣，並且可以沖剋世爻之官鬼，官鬼就是這位母親的憂慮。

● 即是說，子孫在外就可以解開母親的煩惱。

了。

這位當時的小朋友，在兩個月後便去了澳洲升學，今年己亥年便大學畢業

希望所有家長都可以讓子女發展自己的專長和興趣，不要做「怪獸家長」。

友情故事

朋友也要講緣分

人與人之間的緣分非常奇妙，有些人相識數十年，仍然能夠保持友誼；有些人相識了短短的時間，就以後永遠不再來往；有些朋友認識了很長時間，但是無緣無故忽然對你疏遠，令你不明所以。

以下是我一位徒弟的故事。

卜卦先取用神

「師傅，因為一些言語上的誤會，這個朋友疏遠了我，我為此自己卜了一卦。」他說。

「他與你是什麼關係？」我問。

弄清關係，是因為卜卦首先要捉用神：

- 是普通朋友：看應爻。
- 是老朋友：看兄弟爻。
- 是上司：看官鬼爻。
- 是下屬：看子孫爻。
- 是表兄弟、堂兄弟：也看兄弟爻。
- 是太太的兄弟：看妻財爻。

「他是我多年之前的舊下屬，之後我們成為了好朋友……不知如何取用？」

他說。

應爻代表對方

「這要看子孫，並且看應爻。」我說。

- 因為這與是非有關，官鬼就是是非，子孫就是解憂之神，兄弟兼看。

己丑年癸酉月丁卯日占。

得卦：**地天泰**，六爻安靜。

地天泰（土）

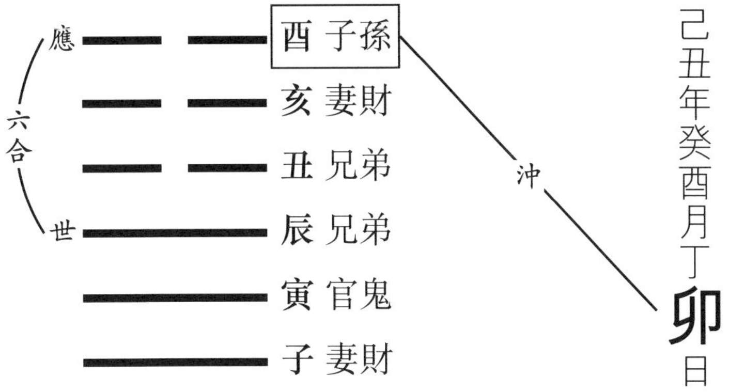
應
六合
世
酉 子孫
亥 妻財
丑 兄弟
辰 兄弟
寅 官鬼
子 妻財
沖
己丑年癸酉月丁卯日

合而逢沖不吉

說。

解卦：

「六合卦，真的是好朋友，已經認識了很久，喜好相同，難怪有緣。」我說。

「用神是哪一爻呢？」他說。

「你看應爻子孫持世，不就講明白了嗎？」我說。

- 大凡有彼此關係的，以應爻為對方，看世應生剋沖合為主；而他也是舊部下，而應爻也是子孫，不就是下屬嗎？

「他為什麼會因小事而疏遠我呢？六合卦不是有緣的嗎？」他繼續問。

一、合而逢沖不吉

「你知道六合卦，而忽略了丁卯日，卯日沖應爻之酉，這就是『合處逢沖處處凶』了。」我說。

「那麼，我們是不是沒有和好的一天？」他說。

「不是的。你要先看應爻酉金，是占卦時的月令，是旺極的，即使日辰沖，也只暗動，並不會改變六合的長久狀態。」我解釋，好像要替這個徒弟重新補課。

「你要看他為什麼會對你疏遠，並不是因為言語之間的小問題，而是有其他原因。」我說。

「啊！可以看得到嗎？」徒弟問。

「他自身有疾病，經濟狀況又不大好，心情不好，自然會小事也變為大事。」我說。

「怎樣看呢？」徒弟問。

「這卯木來沖應爻，地天泰卦五行屬土，這卯木便是官鬼，官鬼來沖，就是官司或疾病。」我解釋。

二、轉盤看對方經濟

「為什麼又說有經濟問題呢？」徒弟不明所以，繼續追問。

「這是你忘記了轉盤的看法。轉盤後，應爻酉金為中心，則卯木就是他的妻財，妻財來沖，不就是經濟問題或與太太出了問題嗎？」我說。

地天泰(土)

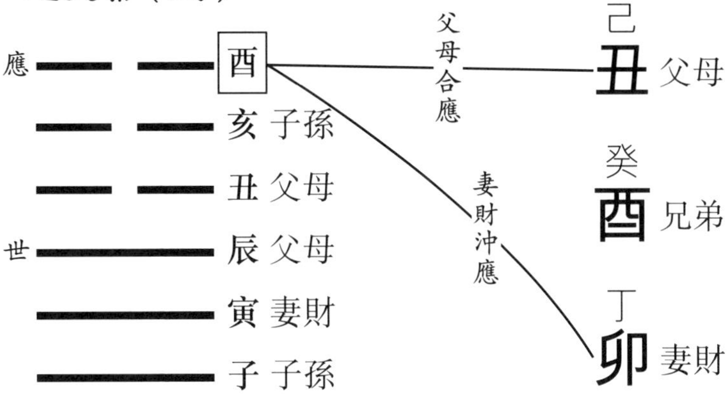

轉盤看對方情況

「是的，他是長期病患者，須定時服藥及覆診，也已經失業了一段日子。」徒弟說。

「我們在什麼時候會和好呢？」徒弟再問。

「逢沖看合，要找相合的東西，才可以和好，例如他身邊的朋友或家裏人。」我說。

因為：

- 辰合酉，可解卯酉相沖。
- 丑合酉，可解卯酉相沖。
- 這辰丑土是泰卦的兄弟，也就是朋友。
- 以轉盤看，這辰丑土也是酉金的父母、家裏人。

● 剛好今年是丑年，丑可合酉，就是原卦有救神。

三、和好時間玄機

「明白了。」徒弟說。

後來，徒弟遇見了彼此都認識的朋友，將這事情說明白；再過了大約半年，徒弟與他的好朋友終於和好如初。

這是因為原卦有救，若是原卦無救神，我也沒奈何。

為什麼是半年時間呢？聰明的讀者便會知道答案。

合伙故事

創業是很多青年人的夢想，但成功與否，須靠天時、地利、人和的配合，尤其是人事方面，合伙人能否互相體諒？會否見利忘義？可以產生很多種可能發生的情況。

以下是一位青年人初次創業的故事。

口若懸河的年輕人

「師傅，你好！我想問問我公司的生意前景如何，我與合伙人都是初次創業，現在租金又上漲，物料又漲價……」他嘩啦嘩啦說了一大堆。

卜卦得：**天山遯**，六爻安靜。當時是：甲戌年壬申月甲午日，辰巳空亡。

天山遯（金）

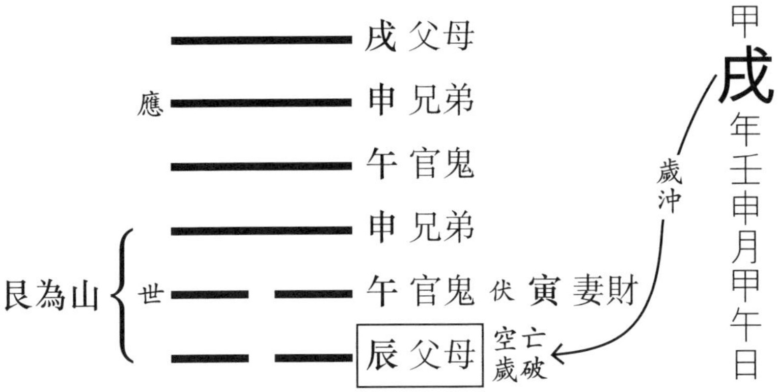

艮宮持世主少男，父母空亡親不全。

解卦：

我看卦中世爻在艮卦，於是開口說：「你在家中是排行最小的男孩吧！」

「對的，對的。我有四位兄姊，我是最小的。」他感到有一點驚訝。

一、父母空亡親不全

「而且呀，你的父母並不齊全。」我可能會繼續令他驚訝。

「對的，對的。我母親早年過世了，卜卦也可以知道的嗎？」他說。

- 其實看他胖胖的身型，已經說明了這支卦必然極應驗，因為艮為厚重之人。只不過，我希望看看易卦的反映，精確到哪一個程度。

● 因為辰土在艮卦空亡，辰土是乾宮八卦的真父母，因為遯卦在乾宮八卦之內，而乾宮第一卦有辰戌土，所以是真；至於第一卦沒有的丑未，即使出現卦中，也是假父母，就不能這樣判斷。

乾為天（金）

世	▅▅▅▅▅	戌	父母
	▅▅▅▅▅	申	兄弟
	▅▅▅▅▅	午	官鬼
應	▅▅▅▅▅	辰	父母
	▅▅▅▅▅	寅	妻財
	▅▅▅▅▅	子	子孫

乾宮首卦真六親，
辰戌土為真父母。

- 而且，這辰土與世爻同宮卦，是有情近親，又是真父母，現在落空亡，又是歲破，所以肯定來人是父母不全。
- 說了一大堆，現在回到要問的事情，問生意，當然以財爻為主。

二、財爻月破傷到底

「生意前景困難，切不可以再擴充。」

我作這樣判斷的原因是：

- 寅木財爻不現身，伏在世爻之下。
- 這寅木正值秋令無氣。
- 兼且是月破。

● 日辰午火又不生扶。

● 又無動爻生助。

「問題出在哪裏呢？我之前的舊客人現在都轉到其他公司了……」他說了很多。

「這是因為，你的競爭對手非常強勁兼且當旺，你們根本沒有還手之力；而且，你與合伙人也出了點問題。」

● 這對手就是月令申金的兄弟爻，來沖剋寅木之財星。

三、應帶劫財忌合伙

● 合伙看應爻，也是申金兄弟，兄弟由來劫財，所以意見也不合。

天山遯（金）

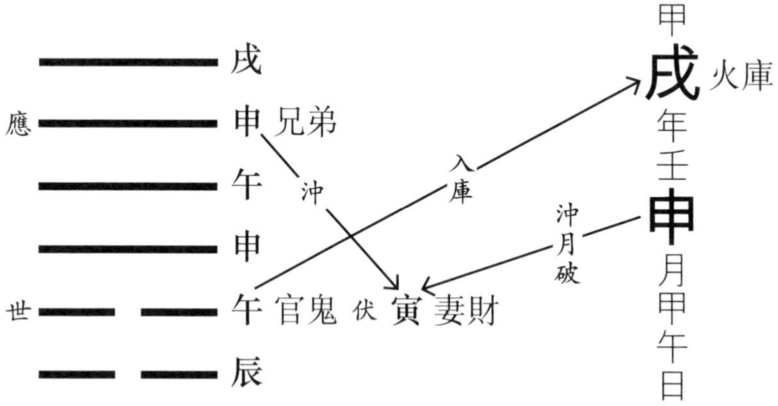

午火投庫宜轉職，應帶劫財忌合伙。

● 月令是萬卜之源，有無上權威。

● 寅木本來可以生世爻的午火，可是，寅木本身百孔千瘡，恐怕有心無力。

「那麼，應該如何化解呢？師傅。」他問。

這是每一位客人都會提出的問題，答案在於，卦的本身有沒有解救。

● 看他午火持世，日辰也是午火，本身就是有能力的人，只不過是劫財當道，生意不好；但這樣繼續下去，也沒有什麼大的變化。

● 何況，申金合伙人及月令的競爭者，更是揮之不去。

四、世爻入庫須改變

卦名是天山遯，遯就是歸隱、收藏，也就是改變一下工作的方式；而且，流年甲戌，午火入戌庫，也就是進入其他機構的意思。

「你應該將生意結束或賣盤給合伙人，然後投身至其他大公司發展。」我說實話。

「這麼巧合！剛巧就有一間大公司想找我當部門主管。這樣看來，我不應該推辭這工作。」他好像恍然大悟。

五、卦凶改變能趨避

過了數月，這青年人終於將公司股份賣了給合伙人，然後進入了一間同行的上市公司，成為部門的主管經理。

為什麼他能夠做到經理呢？

- 這是因為午火官鬼持世，又值日辰的緣故。
- 再加上，朱雀又臨世爻，看他說話喋喋不休、能言善道，我就知道這支卦是會十分應數的。

術者要知道，每一支卦的影響力不是永遠的，只要客觀環境改變了，合伙人改變了，組合改變了，這支凶卦的影響力便會消失，所以：

- 卜得凶卦，無需過分擔心。
- 卜得好卦，不要過分雀躍。
- 卦的好壞，隨心念而反映。
- 身正心正，凶卦也變成吉。

拜師故事

學師要有緣

求良師難，求賢徒更難。不論學習任何一種學問，覓到好的導師，可謂事半功倍，尤其是一些要口耳相傳的學問，無師根本不能自通，例如武術、氣功、術數、魔術、宗教、跌打、正骨等等……並不一定交足高昂的學費，就可以學得成。

有一位朋友對某種學術（這裏不表明是什麼學術，免得對號入座）非常着迷。這種學問，即使是天資聰穎的人，也絕對不能從書本中學得到，於是乎，他就四出找尋願意傳授的師傅。

學不得其法

後來，朋友終於找到了老師，交了很多學費，但依然學不到家，就好像電梯停電卡在中間的樓層，不上不下；再學下去的話，當然要花錢，但也不保證成功；若然退學，又心有不甘，覺得前功盡費。

於是，我帶他到馮炳光師傅處占卦，順便可以從中學習——

「有何貴幹？」馮師傅例牌開場白問。

我朋友道出原委，於是占得一卦。

丁卯年丙午月庚子日占。

得卦：**雷天大壯**，初爻動，化**雷風恒**。（見下頁圖）

丁卯年丙午月庚子日

雷天大壯（土）化 恆

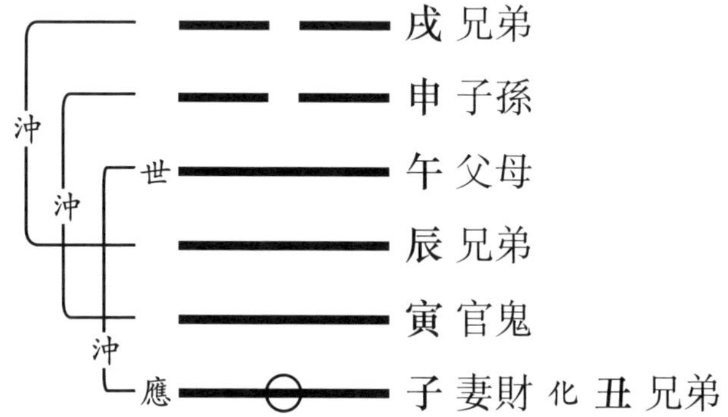

六沖卦必變動

解卦：

一、判語如斧鑿

「六沖卦，你不要學啦！學不成的。學任何東西都要講緣分，沒緣分就學不成。」馮炳光非常確定地說。

我的朋友當然非常失望，但也接受這個事實。

雖然是很簡單的幾句說話，但是馮炳光的肯定性及權威性的判斷，過去是從未試過失手的。

結果，朋友依照馮炳光的建議，停止追隨那位「師傅」學習。

二、專看父母爻

- 我們不妨試試分析這支卦，首先要找用神。
- 以父母爻為師傅。
- 午火父母在四爻持世，月令旺相，是來人有學習之心；可惜是六沖卦，無有而不散的，即使將來可以學得成，也不是從這個師傅處學到的。
- 而且，初爻子水動，值日辰得力，來沖世爻，是動上加動了。
- 這支初爻，雖然化出丑土回頭合，也不能夠解六沖卦的，充其量，只是拖延一些時候而已。

三、年月日報先機

● 兼且，未看卦象，先看年月日。

日	月	年
庚子	**丙午**	**丁卯**
妻財	父母	官鬼

日—月：沖　月—年：破　日—年：刑

年月日不和諧

● 雷天大壯卦五行屬土，午月火生土，就是父母。

● 子日土剋水，就是妻財。

- 本身已經是相沖，不利於問父母及妻財事。
- 是以破財及學師不成，這是肯定的了。
- 再加上是卯年官鬼主是非，卯刑子、卯破午，亂七八糟。
- 這些情況很多時都會出現，太歲、日辰、月令已經反映了實況。

所以，只要問者誠心而問題清楚，卜者通曉卦理而不偏不倚，易卜是一種答案非常肯定及準確的術數。

六爻通考——轉盤論卦

作者

鄺偉雄

編輯

梁美媚

美術統籌及設計

Amelia Loh

美術設計

Carol Fung

造型攝影

fotolink

出版者

圓方出版社

香港鰂魚涌英皇道 1065 號東達中心 1305 樓

電話：2564 7511

傳真：2565 5539

電郵：info@wanlibk.com

網址：http://www.wanlibk.com

http://www.facebook.com/wanlibk

發行者

香港聯合書刊物流有限公司

香港新界大埔汀麗路 36 號

中華商務印刷大廈 3 字樓

電話：2150 2100

傳真：2407 3062

電郵：info@suplogistics.com.hk

承印者

美雅印刷製本有限公司

出版日期

二〇一九年六月第一次印刷

Published in Hong Kong by Forms Publications,

a division of Wan Li Book Company Limited.

ISBN 978-962-14-7063-8

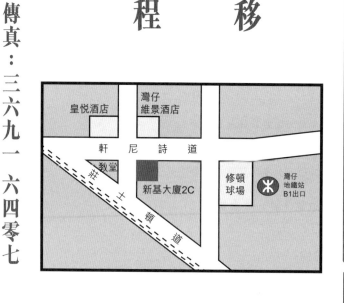

歡迎加入圓方出版社「正玄會」！

「正玄會」會員除可收到源源不斷的玄學新書資訊，享有購書優惠外，更可參與由著名作者主講的各類玄學研討會及教學課程。「正玄會」誠意徵納「熱愛玄學、重人生智慧」的讀者，只要填妥下列表格，即可成為「正玄會」的會員！

您的寶貴意見……

您喜歡哪類玄學題材？(可選多於1項)

□風水　□命理　□相學　□醫卜

□星座　□佛學　□其他________

您對哪類玄學題材感興趣，而坊間未有出版品提供，請說明：

____

此書吸引您的原因是：(可選多於1項)

□興趣　□內容豐富　□封面吸引　□工作或生活需要

□作者因素　□價錢相宜　□其他________________

您如何獲得此書？

□書展　□報攤/便利店　□書店(請列明：____________)

□朋友贈予　□購物贈品　□其他________________

您覺得此書的書價：

□偏高　□適中　□因為喜歡，價錢不拘

除玄學書外，您喜歡閱讀哪類書籍？

□食譜　□小說　□家庭教育　□兒童文學　□語言學習　□商業創富

□兒童圖書　□旅遊　□美容/纖體　□現代文學　□消閒

□其他__________

成為我們的尊貴會員……

姓名：______________　□男／□女　□單身／□已婚

職業：□文職　□主婦　□退休　□學生　□其他________

學歷：□小學　□中學　□大專或以上　□其他________

年齡：□16歲或以下　□17-25歲　□26-40歲　□41-55歲　□56歲或以上

聯絡電話：______________　電郵：______________

地址：________________________________

請填妥以上資料，剪出或影印此頁黏貼後寄回：香港鰂魚涌英皇道1065號東達中心1305室「圓方出版社」收，或傳真至：(852) 2565 5539，即可成為會員！

＊請剔選以下適用的選擇

□我已閱讀並同意圓方出版社訂立的《私隱政策》聲明#　□我希望定期收到新書資訊

顧客通告：個人資訊

圓方出版社收集個人資料作出聲明，本私隱政策聲明是根據香港特別行政區《個人資料（私隱）條例》－第486章（「條例」）

個人資料收集

圓方出版社收集顧客資料包括顧客之姓名、電郵地址、郵寄地址、電話號碼、傳真號碼及各項喜好。

個人資料之使用

圓方出版社之顧客個人資料將直接用圖書業務，並向顧客傳遞以下訊息：

1) 新書；2) 特別推廣及優惠；3) 銷售；4) 活動；5) 公司之資訊

個人資料之披露

圓方出版社只授權已獲權限之人士處理顧客個人資料作有關圖書銷售之業務，不會銷售、租借、分享任何顧客個人資料給第三方或不屬於同一機構，除非得到顧客之同意。

查詢核對或修改個人資料

顧客可以發電郵到 info@wanlibk.com 查詢核對或修改其個人資料。

請填妥後對摺，黏貼後即可直接郵寄謝謝

請貼郵票

寄

香港鰂魚涌英皇道
1065 號
東達中心 1305 室
「圓方出版社」收

圓方出版社

正玄會

• 尊享購物優惠 •

• 玄學研討會及教學課程 •